Angelika Bohn
Nachbar Nr. 5

Angelika Bohn studierte Germanistik, Anglistik und Journalismus. Seit 2002 unterrichtet sie Deutsch als Fremdsprache und schrieb zeitweise als Journalistin für eine Tageszeitung. Neben ihrer Arbeit als Lehrerin veröffentlicht sie Bücher, Kurzgeschichten und Lektüren für Deutschlerner. Angelika lebte in verschiedenen Ländern wie Kanada, Belgien und Rumänien und spricht mehrere Fremdsprachen. Heute wohnt, schreibt und unterrichtet sie in Süddeutschland.

Weitere Bücher aus der Reihe „**Einfach Deutsch lesen**":

A1/A2: Der silberne Kugelschreiber (2016)
        Immer wieder Sascha (2018)
A2:   Nie wieder Merle (2019)
A2/B1: Falsche Adresse (2016)
B1:   Für S. (2020)
B1/B2: Foto ohne Namen (2017)

Andere:
Taxi frei? (B2, Edgard/Polen, 2016)
Wo ist Sina? (A2/B1, Edgard/Polen, 2015)
Wem die Deutschstunde schlägt (Goldmann, 2014)

Angelika Bohn

Einfach Deutsch lesen
Nachbar Nr. 5

Kurzgeschichten

Niveau: sehr leicht

With English vocabulary list

Für Lerner von
Deutsch als Fremdsprache

www.deutsch-lesen.de

kontakt@deutsch-lesen.de

Dieses Buch ist auch als E-Book erhältlich.

Inhalt

Tipps zum Lesen

- Haben Sie keine Angst vor unbekannten Wörtern. Oft können Sie den Text auch ohne diese Wörter verstehen, und manchmal erklärt der Kontext das Wort.

  Don't be afraid of words you don't know. You will usually still be able to understand the text without them and sometimes the context will help you understand their meaning.

- Neue und wichtige Wörter sind **fett gedruckt**. Eine englische Übersetzung finden Sie unten auf der Seite.

  New and important words are printed **in bold**. You will find an English translation at the bottom of the page.

- Übungen können Sie kostenlos downloaden unter: www.deutsch-lesen.de/buecher/.

  You can download free exercises at: www.deutsch-lesen.de/buecher/.

Viel Spaß!

1. *Das Päckchen

„Hey!" Finn sieht seinen besten Freund Oliver an und schließt sein Buch. Heute ist Samstag und sie sitzen zusammen an einem Tisch in der Universitätsbibliothek. „Geht es dir gut?", fragt Finn.

Olivers Augen sind **ganz** rot. Er trinkt ein bisschen Wasser aus seiner Plastikflasche. „Ich habe Kopfschmerzen", sagt er. „In diesem Buch **gibt es** nur Zahlen - zu viele Zahlen!"

„Nicht so laut", sagt ein Student an einem anderen Tisch. „Das hier ist eine Bibliothek und keine Bar."

„Entschuldigung", sagt Finn leise. Er **schaut sich um**. Auch am Samstag ist die Bibliothek **voll**. **Einige** Studenten suchen Bücher in den Regalen. Einige sitzen an den Tischen, lesen Texte, **machen Notizen** oder arbeiten an ihren Laptops.

„Warum studieren wir eigentlich Mathematik?", fragt Oliver. „Warum nicht Sprachen? Oder Philosophie? Da gibt es keine Zahlen. Nur Wörter."

„Das ist eine interessante Frage eine Woche vor dem letzten Examen", sagt Finn.

Oliver schließt die Augen. „Wir sitzen schon **seit** einem Monat fast **jeden Tag** in dieser Bibliothek. Ich brauche eine Pause. Was denkst du über ein Jahr in Australien?"

---

* **das Päckchen** - package, **ganz** - here: very/all, **es gibt** - there is/there are, **sich umschauen** - to look around, **voll** - full/packed, **einige** - some, **Notizen machen** - to take notes, **seit** - since/for, **jeden Tag** - every day

Finn *lacht. Er nimmt seine Bücher vom Tisch und **steckt** sie in seinen Rucksack. „Es ist schon fast Mittag. Ich muss jetzt gehen. Mach doch auch eine kleine Pause. Du kannst dann später **weiterlernen.**"

Zusammen gehen sie zum **Ausgang.** Finn öffnet die schwere Tür und **zieht** schnell seine Jacke **an.** Der 28. September hat mit Sonne begonnen, aber ein kalter Wind **weht** aus dem Norden. Es gibt einige dunkle Wolken am Himmel und die Temperaturen liegen bei nur 16 Grad. Die Straßen sind voll mit Menschen, denn viele Touristen **aus der ganzen Welt** kommen nach Köln.

„Hast du noch Zeit für eine Pizza?", fragt Oliver.

Finn **schüttelt den Kopf.** „Leider nicht. Ich muss wirklich nach Hause. Heute ist ein wichtiger Tag."

„Aha!", sagt Oliver. „Ein wichtiger Tag für dich und …?"

Finn **lächelt.** „Für mich und Amelie. Heute sind wir ein Jahr zusammen."

„Ein Jahr?", fragt Oliver. „Das ist **verrückt!** Wie kann man ein Jahr mit einem Mädchen zusammen sein? Ich meine, Amelie ist natürlich eine schöne Frau, aber es gibt auch Petra, Juni, Viktoria, Luisa, Merle …"

Finn muss lachen. „Ja, ich weiß. Aber Amelie ist für mich das schönste und intelligenteste Mädchen auf der ganzen Welt." Sie **gehen über die Straße** zur Stadtbahn.

---

* **lachen** - to laugh, **stecken** - here: to put, **weiterlernen** - to continue studying, **der Ausgang** - exit, **anziehen** - to put on, **wehen** - to blow, **aus der ganzen Welt** - from all over the world, **den Kopf schütteln** - to shake one's head, **lächeln** - to smile, **verrückt** - crazy, **über die Straße gehen** - to cross the street

„Hey, nicht so schnell", *ruft Oliver.

„Tut mir leid", sagt Finn. „Aber ich muss wirklich schnell gehen. Ich habe im Internet einen Ring für Amelie **bestellt**. Das Päckchen kommt heute und ich muss zu Hause sein, okay? Oh, da kommt meine Bahn. Dann bis Montag!"

Zehn Minuten später steigt Finn im Westen von Köln aus. Hier gibt es einen schönen Park, ein Kino, eine Kirche und das Rathaus. Finn geht über die Straße zu einem kleinen Supermarkt. Heute Abend kommt Amelie zum Essen und er möchte **etwas Gutes** für sie kochen. Er kauft Fisch, Reis, Zwiebeln, Salat, Tomaten und eine Flasche Weißwein. Finn **schaut** auf sein Handy. Es ist schon 11.30 Uhr. Normalerweise kommt der **Paketdienst** immer zwischen 13 und 18 Uhr. Er hat noch ein bisschen Zeit.

Um genau 11.59 Uhr kommt er zu Hause in der Lilienstraße an. Das **Gebäude** mit der Nr. 3 ist ein Haus mit zwei **Stockwerken**. Finn nimmt den Aufzug in den zweiten Stock. Er **schließt** seine Wohnungstür **auf**, bringt die Einkäufe in die Küche und **legt** Fisch, Salat und Wein in den Kühlschrank.

In **fünfeinhalb** Stunden kommt Amelie. Was muss er noch alles machen? Er muss das Wohnzimmer putzen, **Wäsche waschen** und sein bestes Hemd und seine beste Hose **bügeln**.

---

* **rufen** - to call/to shout, **bestellen** - to order, **etwas Gutes** - something good, **schauen** - to look, **der Paketdienst** - parcel service, **das Gebäude** - building, **das Stockwerk** - floor, **aufschließen** - to unlock, **legen** - to put (sth. in a horizontal position), **fünfeinhalb** - five and a half, **die Wäsche waschen** - to do one's laundry, **bügeln** - to iron

Und: Er braucht den Ring. *Hoffentlich kommt der Paketdienst bald. Finn und Amelie haben den Ring vor einem Monat im Internet gesehen und Amelie hat eine Woche lang nur über diesen Ring gesprochen. Natürlich hat Finn den Ring für sie bestellt.

Finns **Festnetztelefon** im Flur **klingelt** und er antwortet.

„Finn, mein Junge!"

„Hallo Oma!"

„Wie geht es dir? Hast du diese Woche genug geschlafen?"

„Natürlich, Oma!"

„Und hast du gut für die Universität gelernt?"

„Na klar!" Finn **rollt mit den Augen**. Seine Eltern wohnen in Berlin, aber seine Oma lebt auch in Köln. Sie ruft ihn fast jeden Tag an. Sie denkt, Finn ist noch ein kleines Kind.

„Und wann kommen meine **dritten Zähne**?"

„Oma, das habe ich dir schon gestern gesagt. Ich habe deine Zähne letzte Woche zum **Zahntechniker** geschickt. Sie müssen bald kommen, okay?"

„Ja, ja. Aber ohne Zähne kann ich nicht gut essen. Und nicht lächeln. Die Nachbarn denken, ich bin sehr unfreundlich."

„Ich weiß, Oma, aber …"

„Hast du heute etwas Gutes gekocht, Junge?"

„Oma, kann ich dich morgen anrufen? Ich habe im Moment keine Zeit."

---

* **hoffentlich** - hopefully, **das Festnetztelefon** - landline, **klingeln** - to ring, **mit den Augen rollen** - to roll one's eyes, **die dritten Zähne** - dentures, **der Zahntechniker** - dental technician

„Keine Zeit für deine Oma? Junge, ich gebe dir jeden Monat Geld."

„Oma, ich habe noch nie Geld von dir bekommen."

Die Oma ist einen Moment *still. „Wirklich nicht?"

„Wirklich nicht", antwortet Finn. Seine Großmutter hat immer gesagt, er muss **auf eigenen Füßen stehen**.

„Das ist auch gut so", sagt die Oma. „Du musst auf eigenen Füßen stehen."

Finn rollt mit den Augen. „Natürlich, Oma. Ich rufe dich morgen an, okay?"

„Oh, es tut mir leid, Finn. Ich kann jetzt **nicht mehr** sprechen. Mein Lieblingsfilm kommt im Fernsehen. Ruf mich morgen an, ja?"

„Klar, Oma."

Finn legt das Telefon zurück auf die **Kommode** im Flur und **holt** den **Staubsauger** aus dem Schrank. **Zum Glück** hat er gestern schon das Schlafzimmer, die Küche und das Bad geputzt. Jetzt putzt er noch das Wohnzimmer, steckt die Wäsche in die Waschmaschine und bügelt sein Hemd und die Hose. Um 13.00 Uhr ist alles fertig.

Finn muss **unbedingt** duschen. Aber kann er das jetzt machen? Der Paketdienst kann jeden Moment kommen. Finn **läuft** ins Badezimmer.

Fünf Minuten später steht er unter der Dusche und wäscht sich die Haare. Er denkt an Amelie. Er hat sie schon

---

* **still** - quiet/silent, **auf eigenen Füßen stehen** - to stand on one's one two feet, **nicht mehr** - not any more, **die Kommode** - chest of drawers, **holen** - to get/fetch, **der Staubsauger** - vacuum cleaner, **zum Glück** - fortunately, **unbedingt** - absolutely, **laufen** - to run

*vor einigen Jahren an der Uni kennengelernt, aber sie haben nie viel gesprochen. Vor einem Jahr haben sie sich dann auf einer Studentenparty wiedergesehen. Zuerst haben sie ein Glas Wein getrunken, dann haben sie zusammen getanzt und am Ende hat Amelie Finn ihre Telefonnummer gegeben. Amelie wohnt im Süden von Köln, aber sie haben sich oft gesehen und sind zusammen ins Restaurant, ins Café oder ins Kino gegangen. Und jetzt sind sie schon seit einem Jahr zusammen und Amelie ist so süß und so schön und so ...

Es klingelt an der Tür.

Verflixt! Finn hat noch Shampoo in den Haaren. Er öffnet die Duschkabine. Jetzt hat er Shampoo in den Augen! Er kann nichts sehen. Wo ist sein **Bademantel**? Er läuft mit dem Knie **gegen** die Tür. Autsch! Es klingelt noch einmal.

„Moment, ich komme!" Ich bin ein Idiot, denkt Finn. Der Paketdienst steht unten auf der Straße und kann ihn natürlich nicht hören. Der Bademantel ist jetzt nicht **wichtig**! Er möchte die Badezimmertür öffnen, aber es funktioniert nicht. Er **zieht** und zieht, aber die Tür bleibt **geschlossen**. Es klingelt noch einmal. Schnell wäscht Finn sich das Shampoo aus den Augen. Dann sieht er das Problem. Unter der Tür liegt eine Socke. Er zieht die Socke heraus und öffnet die Tür. Dann läuft er zur **Türsprechanlage**: „Finn Möller hier. Hallo?"

---

* **vor einigen Jahren** - a few years ago, **Verflixt**! - Darn!, **der Bademantel** - bathrobe, **gegen** - against, **wichtig** - important, **ziehen** - to pull, **geschlossen** - closed, **die Türsprechanlage** - door intercom

Keine Antwort.

„Hallo? Ist da der Paketdienst?"

Nichts.

Verflixt! Finn läuft zurück ins Badezimmer und findet den Bademantel in der Waschmaschine. Er zieht ihn an und läuft die Treppe *hinunter. Er macht die Haustür auf, aber der Paketdienst ist nicht mehr da.

Oh, nein! Was soll er jetzt machen? Normalerweise nimmt der Paketdienst die Päckchen wieder mit. Aber Finn braucht den Ring heute. Er öffnet seinen **Briefkasten**. Dort findet er eine **Nachricht** vom Paketdienst.

Sie waren heute leider nicht zu Hause.
Sie finden Ihr Päckchen bei Nachbar Nr. 5.
Ihr Paketdienst

Nachbar Nr. 5? Finn hat sieben Nachbarn. Wer ist denn die Nr. 5? Finn versteht das nicht. Er wohnt erst seit einem Monat in diesem Haus und kennt seine Nachbarn noch nicht. Wo soll er das Päckchen suchen?

Er schaut auf sein Handy. Keine Panik! Er kann bei allen Nachbarn klingeln und fragen. Er hat noch viereinhalb Stunden Zeit. Finn nimmt den Aufzug zurück in seine Wohnung und geht noch einmal unter die Dusche. Dann zieht er eine Jeans, einen alten Pullover und seine Sneakers an. Wo im Haus soll er beginnen? Das **Erdgeschoss** ist vielleicht eine gute Idee.

„Also los", sagt er und geht aus der Wohnung.

---

* **hinunter** - down, **der Briefkasten** - mailbox, **die Nachricht** - message, **das Erdgeschoss** - ground floor

2. Adonis

Finn nimmt die Treppe ins Erdgeschoss. Vielleicht hat er schon bei der ersten Wohnung Glück. Wo soll er anfangen? Bei der Wohnung links, rechts oder in der Mitte?

Aus der Wohnung rechts hört er den Fernseher. Ah ja, er kennt diese Show, denn seine Eltern sehen sie auch jeden Nachmittag. In dieser Show gibt es immer Konflikte mit der Familie, mit Freunden, mit den Nachbarn und auch mit der Polizei. Alle Leute *streiten, sie sind sehr laut und aggressiv. Finn mag dieses Programm nicht, denn natürlich sind die Situationen dort nicht real und die Leute sind alle **Schauspieler**. Er schaut auf den Namen an der Wohnungstür. Dort steht *Jäger* in kleinen schwarzen Buchstaben. Finn klingelt.

„Du Idiot!" ruft eine Frau im Fernseher.

„**Geh weg**, ich will dich nie mehr sehen!", ruft ein Mann.

Finn wartet, aber **niemand** kommt an die Tür. Vielleicht haben seine Nachbarn das Klingeln nicht gehört, denn der Fernseher ist sehr laut. Finn klingelt noch einmal.

„Was?" Ein Mann in Bademantel und **Hausschuhen** macht die Tür auf. Er ist ungefähr 40 Jahre alt. Er hat keine Haare auf dem Kopf, aber er trägt einen kurzen **Bart**. Auf dem Hals hat er ein Tiger-Tattoo. Der Mann **sieht** sehr unfreundlich **aus**.

---

* **streiten** - to argue/fight, **der Schauspieler** - actor, **stehen** - here: to say/to be written, **Geh weg!** - Go away!, **niemand** - no one, **der Hausschuh** - slipper, **der Bart** - beard, **aussehen** - to look

„Was?", fragt Herr Jäger noch einmal.

„Ähm, entschuldigen Sie bitte …" sagt Finn.

„*Ach so, alles klar! Ich verstehe." Herr Jäger zieht Finn in die Wohnung und durch einen langen Flur ins Wohnzimmer.

„Das ist er, oder? Dein neuer Freund?" Herr Jäger **drückt** Finn auf das blaue Sofa. Vor einem großen Fenster geht eine Frau nervös hin und her. Sie ist ungefähr Mitte 30, ihre Haare sind kurz und dunkel. Sie **raucht** eine Zigarette.

„Hä?", sagt sie und bleibt stehen. Sie sieht Finn von oben bis unten an.

Herr Jäger lacht. „Ich weiß, du magst junge Männer, aber der hier ist noch ein Teenager! Und für ihn willst du mich **verlassen**?"

„Ich bin 24", sagt Finn und möchte aufstehen.

„**Halt den Mund!**" Herr Jäger drückt ihn zurück auf das Sofa.

„Das ist nicht mein neuer Freund." Frau Jäger nimmt sich noch eine Zigarette. „Das ist … das ist …" Sie sieht Finn noch einmal genau an. „Wer bist du denn?"

„Ich …"

„Ihr wollt mich **auf den Arm nehmen**, oder?", sagt Herr Jäger zu seiner Frau. „Ich weiß, du liebst mich nicht mehr. Aber ich will wissen, warum. Ich habe dir viele Jahre meine Liebe geschenkt. Also, warum möchtest du jetzt einen anderen Mann? Wir haben so viel zusammen gemacht, wir haben gelacht und getanzt, wir sind oft gereist, wir haben

---

* **Ach so!** - I see!, **drücken** - to push, **rauchen** - to smoke, **verlassen** - to leave, **Halt den Mund!** - Shut your mouth!, **jemanden auf den Arm nehmen** - to pull so.'s leg

alles *geteilt und wir hatten eine romantische Zeit und …"

„Ich liebe dich nicht mehr?" Frau Jäger lacht. „Das habe ich nie gesagt. Aber ich bin für dich wie eine **Puppe**. Ja okay, wir sind oft ins Restaurant und auf Partys gegangen, wir haben Freunde getroffen, wir sind in Urlaub gefahren. Aber ich darf nie mit anderen Männern sprechen. Du bist total **eifersüchtig**. Ich bin nicht frei, verstehst du?"

„**Das stimmt nicht!**", sagt Herr Jäger. Sein **Gesicht** und sein Kopf sind ganz rot. „Du bist frei und kannst alles machen. Alles, was du willst!" Er nimmt seiner Frau die Zigarette aus der Hand. „Rauchen ist nicht gesund! Das habe ich dir schon tausendmal gesagt!"

Frau Jäger nimmt ein Glas vom Wohnzimmertisch und **wirft** es gegen die **Wand**. „Siehst du? Gib mir sofort meine Zigarette zurück."

Jetzt versteht Finn. Er hat keine Show gehört, denn der Fernseher im Wohnzimmer ist ausgeschaltet. Das war ein Streit zwischen seinen Nachbarn.

„Also gut. Nimm deine Zigarette!" Herr Jäger gibt seiner Frau die Zigarette zurück. „Hier! Ich schenke dir auch meine!" Er zieht seine Zigaretten aus seiner **Hosentasche** und wirft sie auf den Tisch. „Jetzt brauche ich unbedingt einen Whiskey." Er **rennt** aus dem Wohnzimmer in die Küche.

Frau Jäger beginnt zu **weinen** und setzt sich auf das Sofa neben Finn. Sie legt ihren Kopf auf seine **Schulter**. Finn

---

* teilen - to share, **die Puppe** - doll, **eifersüchtig** - jealous, **Das stimmt nicht!** - That's not true!, **das Gesicht** - face, **werfen** - to throw, **die Wand** - wall, **die Hosentasche** - pants pocket, **rennen** - to run, **weinen** - to cry, **die Schulter** - shoulder

sitzt ganz still. Was soll er jetzt machen?

„Kann ich etwas fragen?", sagt er.

Frau Jäger sieht ihn an. „Wer bist du?"

„Ich bin Finn Möller, ein Nachbar aus dem zweiten Stock. Ich *wollte fragen …"

„Ja, ich weiß.", sagt Frau Jäger. „Ich kenne deine Frage." Auf dem Tisch liegt ein altes Stück Pizza. Sie nimmt es und isst es. „Normalerweise ist mein Adonis total süß, aber …"

„Adonis?", fragt Finn.

Frau Jäger **zeig**t auf die Küchentür. „Sein **richtiger** Name ist Rufus. Wir kennen uns schon seit langer Zeit. Und manchmal ist es ein bisschen **langweilig** mit ihm, weißt du?"

„Aha", sagt Finn. „Ich wollte aber fragen …"

„Ja, ja, Moment. Ich **erzähle** dir alles." Frau Jäger trinkt ein Glas Wasser. „Adonis und ich haben uns vor fünf Jahren in einer Karaokebar kennengelernt. Da waren sehr viele Leute, aber ich habe ihn sofort gesehen. Er war groß und **stark** und hatte dieses Tiger-Tattoo auf der Brust. Wir waren uns sofort sympathisch. Wir haben dann auch zusammen gesungen und es war total schön. Also, ich meine: Der Abend war schön, nicht das Singen. Und seit diesem Tag sind wir zusammen, verstehst du?"

„Ich verstehe", sagt Finn, aber …"

„Wo ist der Whiskey?", ruft Adonis aus der Küche.

„Aber …", sagt Finn noch einmal.

„Aber dann habe ich vor einem Monat einen neuen Kollegen kennengelernt", erzählt Frau Jäger. „Er heißt

---

* **wollte** (Infinitiv: wollen) - wanted, **zeigen** - to show, **richtig** - here: real, **langweilig** - boring, **erzählen** - to tell, **stark** - strong

Thorsten und ist total sexy. Hast du eine Freundin?"

Finn schaut auf die Uhr an der Wand. „Ja, sie kommt heute Abend zu mir. Ich muss …"

„Wie lange seid ihr schon zusammen?"

„Heute ist es ein Jahr. Sie kommt heute Abend zum Essen. Ich wollte eigentlich …"

Frau Jäger *seufzt. „Ich möchte sehr gerne mit Adonis *und* Thorsten zusammen sein, aber Adonis möchte das nicht. Er ist immer so eifersüchtig und will mich nicht mit einem anderen Mann teilen."

„Zwei Männer zusammen?", fragt Finn. Diese Frau ist ein bisschen verrückt.

„Ein Mann, zwei Männer oder drei. Das ist doch egal!", sagt Frau Jäger. „Wir leben in einer modernen Zeit, oder?"

Sie setzt sich **näher** an Finn und legt ihm die Hand auf den Arm.

„Okay", sagt Finn langsam.

„Was machst du morgen Abend?" Frau Jäger kommt noch ein bisschen näher.

Finn steht vom Sofa auf. „Jetzt hören Sie, bitte! Ich warte auf ein Päckchen mit einem Ring. Hat der Paketdienst vielleicht …"

„Ein Ring! Wie romantisch!" Adonis kommt wieder ins Wohnzimmer. In der Hand hat er ein Glas Whiskey. „Wie lange kennt ihr euch schon? Drei Wochen? Oder vier? Und der Junge schenkt dir schon einen Ring? Liebe kann so schön sein." Er lacht bitter, trinkt seinen Whiskey und **stellt** das Glas auf den Tisch. „Dann kann ich ja gehen. Ich

---

* **seufzen** - to sigh, **näher** - closer, **stellen** - to put (sth. in an vertical position)

*hoffe, ihr habt ein glückliches Leben zusammen."

„Nein!" Frau Jäger **springt** vom Sofa **auf**. „Nein", sagt sie noch einmal. „Du darfst nicht gehen. Okay, du bist manchmal langweilig, aber vielleicht können wir wieder mehr **lustige** Dinge machen. Wir können wieder mehr reisen, tanzen, Freunde besuchen oder in unsere Karaokebar gehen. Was denkst du?"

Adonis ist einen Moment still. Dann zeigt er auf Finn. „Und dein Freund?"

„Ich bin nicht ihr Freund", sagt Finn. Diese zwei Leute **gehen ihm auf die Nerven**. „Ich bin ein Nachbar und ich will jetzt **endlich** wissen: Ist mein Päckchen hier oder nicht?"

„Päckchen?", fragt Adonis.

Frau Jäger geht zu ihm und gibt ihm einen langen **Kuss**.

„Er hat einen Ring für seine Freundin bestellt. Heute sind sie ein Jahr zusammen."

Adonis lächelt. „Oh, also ist er wirklich nicht dein neuer Freund. Aber da ist ein anderer Mann, oder?"

Frau Jäger legt ihren Kopf auf seine Schulter. „Vergiss ihn. Für mich gibt es nur dich!"

Adonis legt seinen Arm um seine Frau und **küsst** sie.

Finn schaut noch einmal auf die Uhr. „Entschuldigung, aber kann ich jetzt endlich wissen, …"

„Nein!", sagt Frau Jäger. „Hier ist kein Päckchen. Und jetzt geh bitte nach Hause. Wir möchten alleine sein."

„Na, vielen Dank!" Finn war eine halbe Stunde in dieser

---

* **hoffen** - to hope, **aufspringen** - to jump up, **lustig** - funny,
jemandem auf die Nerven gehen - to get on so.'s nerves,
endlich - finally, **der Kuss** - kiss, **küssen** - to kiss

Wohnung und was hat er gefunden? Nichts! Verflixt! Er öffnet die Wohnzimmertür und springt einen *Schritt zurück. Vor ihm steht ein Mann mit Brille und **Anzug**.

„Und wer sind Sie?", fragt Finn.

„Wer ich bin? Ich bin Herr Jäger. Ich wohne hier." Der Mann zeigt mit dem Finger auf Adonis und Frau Jäger. „Und das da ist mein Bademantel und das ist meine Frau!"

„Ups." Adonis nimmt einen Autoschlüssel vom Tisch und macht die Balkontür auf. „Ich muss gehen." Er springt auf die Straße, steigt in einen blauen Audi und fährt weg.

Herr Jäger läuft auf den Balkon. „Wer war das?", fragt er seine Frau. Dann zeigt er auf Finn. „Und wer ist das?"

„Warum bist du schon zurück?", ruft Frau Jäger. „Du hast gesagt, du kommst erst nächste Woche!"

„Wer war der **Typ**?", fragt Herr Jäger noch einmal. Dann sieht er Finn an. „Was habt ihr mit meiner Frau gemacht?"

„Nichts! Ich …"

„Warte! **Aus dir mache ich Hackfleisch!**"

Finn rennt ins **Treppenhaus**. Die Tür von der Wohnung in der Mitte ist geöffnet und er sieht eine kleine alte Frau im Flur. Sie trägt eine **Tüte** mit Einkäufen. Vor der Tür steht noch eine andere Tüte mit Milchflaschen und Obst.

„Warten Sie, ich helfe Ihnen." Finn nimmt die Tüte, läuft in die zweite Wohnung und schließt die Tür hinter sich.

---

* **der Schritt** - step, **der Anzug** - suit, **der Typ** - guy,
Hackfleisch aus jemandem machen - to make mincemeat of
so., **das Treppenhaus** - staircase, **die Tüte** - bag

3. Die Autobiografie

„Was machen Sie in meiner Wohnung?" Die alte *Dame legt ihre Einkäufe auf den Küchentisch. Dann holt sie eine Kartoffel aus der Tüte und wirft sie nach Finn. „Gehen Sie weg oder ich rufe die Polizei!"

Finn springt hinter den Kühlschrank und die Kartoffel fliegt gegen die Wand.

„Nein, Sie verstehen nicht", sagt er. Hinter der Frau sieht er ein kleines braunes Päckchen. Es steht zwischen zwei Pflanzen vor dem Fenster. Ist das vielleicht sein Ring?

Eine Orange fliegt gegen einen Kalender an der Wand.

„Jetzt warten Sie!", ruft Finn. „Mein Name ist Finn Möller! Ich bin …"

„Herr Völler?", fragt die alte Dame. „Wirklich? Bleiben Sie da und **bewegen** Sie **sich** nicht." Dann kommt sie mit einer Packung Spaghetti zu Finn. Sie **hält** die Packung wie ein Messer in der Hand. „**Setzen** Sie **sich** auf den Stuhl." Sie sieht Finn genau an. Ihre Nase ist nur fünf Zentimeter vor seinem Gesicht. Sie trägt ein starkes Rosenparfüm.

Plötzlich lächelt sie. „Jetzt **erkenne** ich Sie", sagt sie. „Herr Zöller!" Sie legt die Spaghetti auf den Tisch. „Ich habe Sie fast vergessen. Im Internet sehen Sie aber ein bisschen älter aus."

„Mein Name ist Möller", sagt Finn.

„Entschuldigen Sie." Die alte Dame gibt ihm die Hand.

---

* **die Dame** - lady, **sich bewegen** - to move, **halten** - to hold, **sich setzen** - to sit (down), **plötzlich** - suddenly, **erkennen** - to recognize

„Herr Göller, natürlich. Ich bin Mimi Friedmann, aber das wissen Sie schon. Wir haben ja vor einigen Tagen telefoniert."

„Frau Friedmann …"

„Aber bitte, *nennen Sie mich Mimi. Aber sagen Sie mal, war unser **Termin** nicht morgen?"

„Termin?", fragt Finn.

„Egal!" Mimi öffnet den Kühlschrank. „Jeder Tag ist ein guter Tag. Helfen Sie mir bitte mit den Einkäufen und danach können wir sofort mit der Arbeit anfangen."

Finn **versteht nur Bahnhof**. Er schaut zu dem Päckchen vor dem Fenster.

„Na los, junger Mann! Bewegen Sie sich."

Finn nimmt die Einkäufe aus den Tüten und die alte Dame legt sie in den Kühlschrank. „Mimi", sagt er langsam. „Darf ich etwas fragen?"

Mimi lacht. „Das ist doch Ihr Job. Fragen Sie!"

„Das Päckchen am Fenster sieht sehr interessant aus. Was ist da **drin**?"

Mimi lächelt. „Das erzähle ich Ihnen später. Aber zuerst müssen wir über andere Dinge sprechen." Sie nimmt eine Flasche Orangensaft aus dem Kühlschrank und zwei Gläser aus dem Küchenschrank.

„Kommen Sie." Sie **schiebt** Finn ins Wohnzimmer.

Das Wohnzimmer sieht aus wie ein großer **Dschungel**. **Überall** stehen Pflanzen und Blumen, kleine, große, rote, gelbe und violette. In der Mitte vom Zimmer stehen ein

---

* nennen - to call, **der Termin** - appointment, **nur Bahnhof verstehen** - to be all Greek to so., **drin** - in it, **schieben** - to push, **der Dschungel** - jungle, **überall** - everywhere

*runder Tisch und zwei sehr alte Stühle.

„Setzen Sie sich!" Mimi stellt den Orangensaft und die Gläser auf den Tisch. Dann geht sie zu einem Regal hinter einer großen Pflanze und holt ein Fotoalbum heraus. Auf dem Regal steht ein Schwarz-Weiß-Foto von einem jungen Hochzeitspaar. Vielleicht ist das Mimis Hochzeit. Außerdem gibt es dort drei Fotos von einem alten Mann mit weißen Haaren.

„Das ist Ulrich", sagt Mimi. „Er ist vor einem halben Jahr gestorben. Aber das habe ich Ihnen schon am Telefon gesagt." Sie setzt sich zu Finn.

„Also", sagt sie. „Seit wann arbeiten Sie schon als Biograf?"

„Bio ...?" Finn sieht sie mit großen Augen an. „Ähm, seit drei Jahren." Er zieht sein Handy aus der Hosentasche. Es ist schon 14.15 Uhr.

„Sehr schön", sagt Mimi. „Heute arbeiten alle mit moderner Technologie. So müssen Sie natürlich nicht mehr alles auf Papier schreiben." Sie öffnet das Fotoalbum. „Dann fangen wir an."

Sie zeigt auf das erste Foto. „Das bin ich. Hier war ich zwei Jahre alt. Der Mann und die Frau sind meine Eltern. Ich hatte acht Geschwister, fünf Brüder und drei Schwestern. Ihre Namen sind Jürgen, Martha, Hans, Kurt, Gerlinde ..."

Finn denkt nur an das Päckchen in der Küche. „Mimi, entschuldigen Sie bitte. Kann ich für einen Moment auf die Toilette gehen?"

---

* **rund** - round, **das Hochzeitspaar** - bridal couple, **außerdem** - besides/furthermore, **sterben (ist gestorben)** - to die

23

„Jetzt schon?", fragt Mimi. „Sie haben noch nichts getrunken."

„Tut mir leid", sagt Finn.

„Also gut, gehen Sie." Mimi öffnet die Flasche Orangensaft. Finn steht auf und geht in den Flur. Er macht die Küchentür auf.

„Herr Böller", ruft Mimi. „Die Toilette ist auf der anderen Seite!"

Verflixt! Zwei Minuten später geht Finn zurück ins Wohnzimmer. Sein Glas ist jetzt voll mit Orangensaft. Finn hat eine Idee.

„Oh, in meinem Saft ist eine kleine *__Fliege__. Ich bringe es schnell zurück in die Küche und hole ein neues Glas."

„Das müssen Sie nicht", sagt Mimi. „Hier, nehmen Sie mein Glas. Das ist noch __leer__." Sie stellt ihr Glas vor Finn.

„Also, wo war ich?" Sie schaut auf das erste Foto. „Also, die Namen meiner Geschwister sind Jürgen, Martha, Hans, Kurt …"

„Mimi, ich denke, es ist besser, wir beginnen am Ende. So habe ich eine gute Idee von Ihrem Leben im Moment. Morgen können wir dann über den Anfang von Ihrem Leben sprechen."

„Glauben Sie?", fragt Mimi.

„Absolut", antwortet Finn.

„Aber das Ende ist nicht so lustig."

„Das ist egal."

„Aber vielleicht müssen Sie weinen."

„Ich? Ähm, auch das ist egal."

„Wie Sie möchten."

---

* __die Fliege__ - fly, __leer__ - empty

Mimi macht die letzte Seite vom Fotoalbum auf. Auf dem letzten Foto sieht man Mimi mit ihrem Mann am Meer.

„Das war unser letzter Urlaub zusammen", sagt sie. „Das war letzten Sommer in Spanien. Einen Tag nach dem Urlaub ist Ulrich dann gestorben." Sie legt ihre Hand auf das Foto.

Finn denkt an seine Großmutter. Ihr Mann, Finns Großvater, ist vor zwei Jahren gestorben. Auch sie lebt jetzt alleine und findet es sehr schwer.

„Ulrich und ich waren 54 Jahre verheiratet", sagt Mimi.

Finn *nickt. „Das ist eine lange Zeit."

„Ja, sehr lange. Männer sind interessante Menschen, wissen Sie?" Mimi schaut wieder auf das Foto.

Finn legt seine Hand auf Mimis Hand. Er muss wirklich das Päckchen sehen, aber fünf Minuten kann er noch bei Mimi bleiben.

„Möchten Sie über Ulrich **reden**?", fragt er.

Mimi nickt. „Ulrich war ein sehr **besonderer** Mann. Wir haben uns schon in unserer **Kindheit** kennengelernt, denn er und seine Familie waren unsere Nachbarn. Wir haben in einer kleinen Stadt gewohnt und immer zusammen gespielt. Er hat mir immer meine Puppen weggenommen. Später waren wir in **derselben** Schule und in derselben Klasse. Ich war immer die beste **Schülerin**. Ich war viel besser als er, denn er wollte nie lernen. Er hatte keine Lust!" Sie lacht.

„Aber das war egal, denn Sie waren beste Freunde, oder?", fragt Finn.

---

* **nicken** - to nod, **reden** - to talk, **besondere(r,s)** - special, **die Kindheit** - childhood, **der-/die-/dasselbe** - the same, **der Schüler** - student (at school)

Mimi lacht. „Freunde? Nein! Ulrich war total arrogant. Wir waren absolut keine Freunde."

„Aber später haben Sie geheiratet", sagt Finn. „Das bedeutet, Sie haben ihn geliebt." Finn denkt an Amelie. Er und sie waren am Anfang auch keine Freunde. Aber bei der Studentenparty vor einem Jahr war alles *anders. Finn hat sie in ein schönes Restaurant **eingeladen** und sie haben viel gesprochen. Über Reisen, über Wünsche und **Interessen** und über ihre Lieblingsfilme. Amelie liebt Fantasy und hat **Der Herr der Ringe** schon dreimal gelesen und alle Filme gesehen. Außerdem reist sie gerne in warme Länder, zum Beispiel nach Griechenland oder Ägypten. An diesem Abend hat sie viel über ihre Kindheit in einer großen Familie mit vier Geschwistern erzählt. Das war sehr lustig und sie haben viel zusammen gelacht. Und seit diesem Tag sind sie zusammen. Es war der 28. September.

„Ja, wir haben geheiratet", sagt Mimi, „aber das war nicht unsere Idee. Unsere Eltern haben es organisiert."

„Oh", sagt Finn. „Ich verstehe. Das war eine andere Zeit. Aber dann sind Sie viele Jahre zusammengeblieben. Waren Sie glücklich?"

„Glücklich? Ulrich hat gearbeitet, aber ich nicht. Ich hatte kein Geld, also bin ich bei ihm geblieben. 54 Jahre lang! Ich habe für ihn gekocht, aufgeräumt, seine Wäsche gewaschen, eingekauft, die Wohnung geputzt. Und was hat er gemacht? Er hat mit seinen Freunden Bier getrunken, Fußball im Fernsehen gesehen und Golf gespielt." Mimi steht auf. Ihr Gesicht ist ganz rot. „Jetzt bin ich müde. Ich denke, für

---

* **anders** - different, **einladen** - to invite, **das Interesse** - interest, **Der Herr der Ringe** - The Lord of the Rings

heute haben wir genug gesprochen. Kommen Sie mit."

Finn *fühlt sich schlecht. Dieses Gespräch ist plötzlich sehr negativ. Er **hat Durst**. Er nimmt sein Glas mit Orangensaft und geht mit Mimi in die Küche.

„Und wie ist Ulrich gestorben?", fragt er.

„Unser letzter Urlaub in Spanien war nicht so schön, verstehen Sie?", sagt Mimi. „Mein Mann wollte im Urlaub nicht mit mir sprechen, er wollte nur streiten. Wir wollten zwei Wochen in Spanien bleiben, aber dann sind wir nach einer Woche schon nach Hause zurückgefahren." Sie nimmt das Päckchen vom Fenster und stellt es auf den Tisch.

Endlich! Finn sucht seinen Namen auf dem Päckchen, aber da ist nichts.

„Aber auch zu Hause haben die Probleme nicht **aufgehört**", sagt Mimi. „Unser letzter Konflikt war hier in der Küche. Ulrich war nicht glücklich. Er wollte Bier trinken, aber wir hatten kein Bier im Haus. Also habe ich ihm ein Glas Orangensaft gegeben." Sie öffnet das Päckchen. „Aber der Orangensaft war vielleicht nicht so gut für ihn ..."

In dem Päckchen sieht Finn eine kleine Vase und in der Vase ist **Asche** von ... Zigaretten?

„Ja, und dann ist Ulrich gestorben", sagt Mimi noch einmal und lächelt. „Auf diesem Stuhl."

Finn schaut von der Vase zu seinem Orangensaft und von dem Orangensaft auf seinen Stuhl. Dann steht er schnell auf.

---

* **sich fühlen** - to feel, **Durst haben** - to be thirsty, **aufhören** - to stop, **die Asche** - ash

„Ähm, alles klar. Ich denke, ich gehe jetzt. Wir telefonieren morgen, okay?" Er läuft aus der Wohnung.

„Aber Sie haben Ihren Saft noch nicht getrunken", ruft Mimi.

Finn ist wieder im Treppenhaus und schließt die Tür hinter sich. Ist er jetzt total verrückt? Die Vase – die Asche – Ulrich ... Nein, das ist nicht *möglich! Oder? Aber etwas ist klar: Diese Mimi will er nie wieder sehen.

Er schaut auf sein Handy. Es ist jetzt 14.30 Uhr. Bei Mimi Friedmann war sein Päckchen also auch nicht. Im Erdgeschoss hat er nur noch eine **Möglichkeit**. Er geht zu der Wohnung links und klingelt.

---

* **möglich** - possible, **die Möglichkeit** - possibility

4. Scrabble

„Moment!", ruft eine Frau aus der Wohnung.

Finn schaut auf den Namen neben der Tür. *Eberhardt* steht dort. Finn wartet. Und wartet. Aber niemand öffnet die Tür. Er klingelt noch einmal.

„Ja, ich komme!" Eine Frau von ungefähr 50 Jahren öffnet die Tür. Sie sieht sehr *gestresst aus. „Wer sind Sie? Was wollen Sie?"

„Entschuldigen Sie bitte. Mein Name ist Finn Möller. Ich wohne im zweiten Stock."

„Ein Nachbar?"

Finn hat keine Zeit zu antworten, denn die Frau **packt** ihn am Arm und zieht ihn in die Wohnung.

„Fantastisch!" Sie holt ihre Schuhe aus dem Schuhschrank und zieht ihre Jacke an.

„Frau Eberhardt, ich verstehe nicht", sagt Finn.

Die Frau nimmt ihre Handtasche und die Hausschlüssel von einer Kommode. „Oh, ich bin nicht Frau Eberhardt. Mein Name ist Sabine Jansen. Herr Eberhardt ist mein Vater. Er wohnt hier und ich besuche ihn."

„Ach so", sagt Finn. „Ich habe nur eine Frage. Ich warte auf ein Päckchen und …"

Frau Jansen öffnet die Haustür. „Tut mir leid, ich habe jetzt keine Zeit. Ich muss zur Apotheke. Mein Vater braucht unbedingt seine Tabletten. Ich muss schnell gehen, denn die Apotheke schließt in zwanzig Minuten. In ungefähr einer halben Stunde bin ich wieder da." Sie geht aus der Wohnung.

---

* **gestresst** - stressed, **packen** - here: to grab

„Moment, was?", sagt Finn.

Frau Jansen ist schon bei den Briefkästen. „Mein Vater ist schon sehr alt und kann nicht alleine bleiben. Normalerweise ist eine Krankenschwester bei ihm, aber heute hat sie frei. Mein Vater macht auch keine Probleme. Er sitzt den ganzen Tag auf seinem Sessel und sieht fern. Er kann nicht mehr sprechen und hört auch nicht mehr gut." Sie holt ihren Autoschlüssel aus der Handtasche. „Oh, und auf dem Wohnzimmertisch liegen zwei *Tabletten. Mein Vater muss sie unbedingt in fünf Minuten nehmen. Geben Sie sie ihm bitte, ja? Wir sehen uns dann in einer halben Stunde. Und danke nochmal!"

Und dann ist Frau Jansen **weg**.

„Aber …" Finn seufzt und schaut auf sein Handy. In dreieinhalb Stunden kommt Amelie. Langsam geht er ins Wohnzimmer. Er schaut sich um. Auf dem Boden liegt ein dunkelgrüner Teppich. Das Zimmer ist voll mit Möbeln. Auf einem Sofa aus schwarzem **Leder** liegen einige Zeitungen, in einem Regal neben dem Fenster gibt es viele **Reiseführer**. Auf einem großen Esstisch links im Zimmer stehen einige Flaschen Wasser und Saft. An der Wand steht ein Fernseher. Er zeigt eine Quizshow.

Herr Eberhardt sitzt in einem großen Sessel vor dem Fernseher, aber seine Augen sind geschlossen. Auf seinen Beinen liegt eine leichte **Decke**, seine Arme sind sehr dünn und er hat nur noch wenige Haare auf dem Kopf. Er ist ungefähr 85 Jahre alt.

An den Wänden **hängen** viele Fotos. Finn sieht sie sich

---

* die **Tablette** - pill, **weg** - gone, **das Leder** - leather, **der Reiseführer** - guidebook, **die Decke** - blanket, **hängen** - to hang

an. Sie zeigen einen jungen Mann auf einer Safari in Afrika, im Schnee in Alaska, mit Kängurus in Australien oder auf einem Skateboard in Florida. Herr Eberhardt hatte ein interessantes Leben, denkt Finn. Hoffentlich können er und Amelie nach dem Studium auch so schöne Reisen machen.

Finn schaut noch einmal zu seinem Nachbarn, dann wieder auf die Fotos. Er seufzt. Warum kann man nicht immer jung bleiben?

Auf dem Wohnzimmertisch liegen zwei Tabletten neben einem Glas Wasser. *Mein Vater muss sie unbedingt in fünf Minuten nehmen*, hat Frau Jansen gesagt.

„Herr Eberhardt", sagt Finn leise.

Keine Reaktion.

„Herr Eberhardt!"

Der Mann bewegt sich nicht.

Der Fernseher hinter Finn zeigt jetzt ein Rockkonzert und es ist sehr laut. Finn geht zum Fernseher und schaltet ihn aus.

„Ist sie weg?"

Finn *dreht sich um. Herr Eberhardt hat seine Augen geöffnet und sieht Finn an. Aber … Frau Jansen hat gesagt, ihr Vater kann nicht mehr sprechen.

„Ist meine Tochter weg?", fragt Herr Eberhardt noch einmal.

Finn nickt. „Sie kommt aber in einer halben Stunde zurück", sagt er sehr laut und klar. „Ich bin Finn, ein Nachbar aus dem zweiten Stock. Ich bleibe 30 Minuten bei Ihnen. Haben Sie verstanden?"

„Warum sprichst du so laut?" Herr Eberhardt zieht die

---

* **sich umdrehen** - to turn around

Decke von seinen Beinen und wirft sie auf das Sofa. „Ich bin ja nicht *taub!" Dann steht er von seinem Sessel auf.

Finn versteht nur Bahnhof. „Aber …"

„Okay, Junge", sagt Herr Eberhardt. „Mach den Mund zu. Wir haben nur eine halbe Stunde Zeit. Also, lass uns Spaß haben!"

„Aber, Herr Eberhardt, Sie müssen Ihre Tabletten nehmen."

„Ach so, natürlich." Herr Eberhardt nimmt die Tabletten vom Tisch und steckt sie unter den Teppich. „Fertig", sagt er. „Außerdem: Ich bin Heinz. Und jetzt setz dich."

Finn setzt sich auf das Sofa.

„Was willst du trinken, Junge?"

Finn schaut auf den Esstisch. „Ich nehme ein Glas Wasser, danke."

Heinz lacht. „Wasser ist langweilig. Einen Moment, ich gebe dir etwas Gutes." Er stellt einen Stuhl vor das Regal und steigt hinauf. Dann nimmt er einige Reiseführer aus dem Regal. Hinter den Büchern stehen eine Flasche und zwei kleine Gläser.

Heinz bringt sie zum Tisch. „Hier, Junge. Das ist etwas für richtige Männer!" Er gibt Finn ein Glas. „**Prost!**"

Finn trinkt und muss sofort **husten**.

„Alles in Ordnung?" Heinz trinkt noch ein Glas.

Finn nickt. Sein Gesicht ist ganz rot. Natürlich trinkt er manchmal ein Glas Wein oder Bier, aber dieser Alkohol ist sehr stark.

„Das ist der beste Schnaps auf der ganzen Welt", sagt Heinz. „Ich mache ihn in meinem Keller. Aber das darfst

---

* **taub** - deaf, **Prost!** - Cheers!, **husten** - to cough

du meiner Tochter nicht sagen."

„Ihre Tochter hat gesagt …"

„Ja, ja, ich weiß. Sie hat gesagt, ich kann mich nicht bewegen, nicht sprechen und nicht gut hören. Das ist auch richtig. Das kann ich nicht. Aber nur am Donnerstag und am Samstag. Dann ist meine Tochter hier."

„Ich verstehe nicht", sagt Finn.

Heinz sucht etwas unter dem Sofa. „Ah, da sind sie." Er steht wieder auf und hat eine dicke *Zigarre in der Hand. „Willst du auch eine?"

Finn schüttelt den Kopf. „Nein, vielen Dank. Also, Ihre Tochter …"

„Ich will nicht mit meiner Tochter sprechen. Was denkst du, warum besucht sie mich zweimal pro Woche?"

„Ich denke, sie liebt ihren Vater."

Heinz lacht. „**Quatsch**, Junge! Das Mädchen will mein Geld. Das ist alles. Also spiele ich ein bisschen mit ihr."

Er raucht seine Zigarre. Finn muss wieder husten.

„Eine Sekunde." Heinz zieht ein Smartphone aus seiner Hosentasche. „Ich muss nur schnell meine Social-Media-**Konten** checken." Er liest etwas, dann lacht er. „Ich bin gleich wieder da", sagt er zu Finn und geht **hinaus** auf den Flur.

Finn schaut auf die Uhr. In zwanzig Minuten kommt Frau Jansen wieder zurück. Dann kann er endlich diese Wohnung verlassen. Er denkt an die anderen zwei Nachbarn im Erdgeschoss. Sind in diesem Haus wirklich alle Leute verrückt?

---

* **die Zigarre** - cigar, **der Quatsch** - nonsense, **das Konto** - account, **hinaus** - outside

Heinz kommt zurück. Auf dem Kopf trägt er eine rote **Kappe** und in der Hand eine Tüte. Er setzt sich auf seinen Sessel. „Okay, Finn. Wie viel Geld **hast** du **dabei**?"

Finn seufzt. „Hören Sie! Ich suche nur ein Päckchen, okay? Der Paketdienst hat es einem Nachbarn gegeben. Dem Nachbarn Nr. 5. Sind Sie das?"

„Sehr lustig, Junge! Ich bin keine Nr. 5. Ich war und bin immer die Nr. 1. Heute hat niemand an meiner Haustür geklingelt. Nur du! Und jetzt setz dich und wir spielen wie zwei richtige Männer. Also, wie viel Geld hast du dabei?"

Finn seufzt und sucht in seinen Hosentaschen. „Nur 10 Euro." Er legt das Geld auf den Tisch.

„Kannst du Poker spielen?"

Finn nickt.

„Gut", sagt Heinz. „Ich leider nicht." Er holt ein Spiel aus der Tüte. „Aber ich bin gut in Scrabble." Heinz legt das Spiel und den **Beutel** mit den Buchstaben auf den Tisch.

„Aber bei Scrabble spielt man nicht um Geld", sagt Finn.

„Doch, wir machen das! Du musst lange Wörter finden. Sie müssen länger als meine Wörter sein. Dann machst du viele Punkte und bekommst das Geld. Sehr einfach, oder? Du fängst an."

Finn zieht sieben Buchstaben und legt sie auf seine kleine **Tafel**. J – F – C – A – K – Z – X. Na, super! Er legt die Buchstaben JA auf das Spiel.

„JA?", fragt Heinz. „Das ist alles? Du musst besser **werden**, Junge!" Er legt seine Buchstaben auf das Spiel: EIPAUSE. „Ha", ruft er. „Ich habe alle sieben Buchstaben

---

* **die Kappe** - cap, **dabeihaben** - to have on oneself, **der Beutel** - bag, **die Tafel** - here: letter rack, **werden** - to become

*benutzt. Das sind 50 Punkte extra für mich!"

„Moment", sagt Finn. „**Das geht nicht**. Dieses Wort existiert nicht."

„Natürlich existiert es."

„Nein, es existiert nicht", sagt Finn. „Ich kenne Mittagspause, Frühstückspause, Zigarettenpause oder Kaffeepause. Aber was ist eine Eipause?"

Heinz raucht seine Zigarre. „Das ist doch ganz klar! In einer Eipause macht man ein Pause und isst ein Ei."

Finn rollt mit den Augen. „Das ist nicht fair. Sollen wir das Wort im Wörterbuch suchen?"

Heinz trinkt noch einen Schnaps. „Keine Diskussion. Das geht. **Du bist dran**."

Finn zieht zwei neue Buchstaben. O und I. „ZOCKFIX", sagt er und legt seine Buchstaben auf das Spiel.

„Was ist das?", fragt Heinz.

„Eine neue App für das Handy." Finn lächelt.

„Und was macht die?"

„Sie kann Spieler bei einem Spiel kontrollieren. Manchmal hört man einen Alarm. Das bedeutet, der Spieler hat nicht fair gespielt."

Heinz sieht Finn lange an. „Das glaube ich nicht, aber okay. Ich bin dran." Er zieht sieben neue Buchstaben.

„Ich benutze dein O und lege: AUTOKÄSE."

„Nein", sagt Finn. „Auch dieses Wort existiert nicht."

„Junge, ich bin viel gereist. Manchmal hatte ich kein Geld für ein Restaurant. Dann habe ich Käse gekauft und habe ihn im Auto gegessen."

---

* **benutzen** - to use, **Das geht nicht.** - That's not possible., **Du bist dran.** - It's your turn.

„Ja, okay. Dann hatten Sie Käse im Auto. Aber das heißt nicht Autokäse!"

„Hey", sagt Heinz. „Das hier ist meine Wohnung und das sind meine Wörter. Und ich …"

*Jemand klingelt an der Tür. Einmal, zweimal, dreimal.

„Vater?", ruft Frau Jansen.

Endlich, denkt Finn.

„Verflixt!" Heinz steckt das Spiel zurück in die Tüte.

„Vater", ruft Frau Jansen noch einmal. Sie klopft an die Tür. „Was ist los? Warum kann ich die Tür nicht öffnen?"

Finn läuft in den Flur.

„Nein, Junge, warte einen Moment!", ruft Heinz.

Aber Finn will nicht warten. Frau Jansen ist wieder da und er ist sehr froh. In der Haustür ist ein Schlüssel. Unglaublich! Das hat bestimmt Heinz gemacht. Finn öffnet die Tür.

Frau Jansen läuft in die Wohnung. „Was ist hier los?" Sie rennt ins Wohnzimmer. Finn ist direkt hinter ihr.

„Was haben Sie mit meinem Vater gemacht?", ruft sie.

Finn kann nicht glauben, was er sieht. Heinz sitzt wieder auf seinem Sessel. Die Decke liegt auf seinen Beinen. Seine Augen sind geschlossen. Auf dem Tisch liegt die Zigarre und da steht auch die Flasche Schnaps, aber nur ein Glas. Neben der Flasche liegen die zwei Tabletten. Die Tüte mit dem Spiel ist weg, aber die 10 Euro liegen auf dem Boden.

„Oh, mein Gott!", ruft Frau Jansen. Sie geht zum Fenster und öffnet es. „Sind Sie total verrückt? Mein Vater ist

---

* jemand - someone, klopfen - to knock, Was ist los? - What's going on?, froh - happy, unglaublich - incredible, bestimmt - certainly

36

krank. Ich habe Ihnen gesagt, er muss die Tabletten nehmen. Und was haben Sie gemacht? Sie haben geraucht, getrunken und sein Geld genommen!"

„Das war ich nicht", sagt Finn.

Frau Jansen lacht. „Wer war es dann? Ein *Geist? Verlassen Sie sofort diese Wohnung!"

Finn **hat die Nase voll**. Sein Nachbar Heinz Eberhardt ist ein unfairer Mensch und seine Tochter ist genauso verrückt wie ihr Vater. Finn will seine 10 Euro vom Boden nehmen und gehen.

„**Finger weg**!", ruft Frau Jansen. „Oder ich rufe die Polizei. Das ist nicht Ihr Geld."

Finn hat keine Lust zu **diskutieren**. „Okay, okay, ich gehe ja schon!" Er verlässt die Wohnung und nimmt die Treppe in den ersten Stock. Mit den Leuten im Erdgeschoss ist er fertig. Hoffentlich muss er sie nie wieder sehen!

Die rechte Tür im ersten Stock ist aus Glas. *Praxis Dr. Lange* steht dort in großen blauen Buchstaben. Finn klingelt. Dann schaut er auf sein Handy. Noch drei Stunden.

---

* **der Geist** - ghost, **die Nase voll haben** - to be fed up, **Finger weg!** - Hands off! **diskutieren** - to discuss, **die Praxis** - doctor's office

5. Die Therapie

„Die Tür ist *offen!"‚ ruft eine Frau aus der Praxis.

Finn macht die Tür auf und geht **hinein**. Die Wand hinter der Rezeption ist genauso hellblau wie die Kleidung der **Sprechstundenhilfe**.

„Kann ich Ihnen helfen?"‚ fragt sie freundlich.

Finn nickt. „Ich wohne im zweiten Stock. Haben Sie heute vielleicht ein Päckchen vom Paketdienst bekommen? Ich heiße …"

„Nein, tut mir leid. Wir **nehmen** keine Päckchen für andere Leute **an**."

Finn seufzt. „Ich muss es unbedingt schnell finden. Ich habe nicht mehr viel Zeit und brauche Hilfe."

„Sie suchen Hilfe? Dann ist das die richtige Praxis für Sie." Eine zweite Sprechstundenhilfe kommt zu Finn und zieht ihn zu einer Tür auf der rechten Seite. „Sie sind Herr Steiner, **stimmt's**? Wir haben schon auf Sie gewartet."

„Steiner?"‚ sagt Finn. „Mein Name ist Finn …"

Die Frau schiebt ihn in ein Zimmer mit großen Fenstern. „Das ist … Finn. Finn Steiner. Sie können jetzt beginnen." Dann schließt sie die Tür.

Was ist hier los? In dem Zimmer – natürlich mit hellblauen Wänden – sitzen vier Leute im **Kreis**, drei Männer und eine Frau. Sie sehen ihn alle an.

Ein Mann mit Brille, grauen Haaren und einem hellblauen

---

* offen - open, **hinein** - inside, **die Sprechstundenhilfe** - doctor's receptionist, **annehmen** - to accept, **Stimmt's?** - Right?, **der Kreis** - circle

Pullover steht auf, holt noch einen Stuhl und stellt ihn in den Kreis. „Komm Sie, Herr Steiner."

„Eigentlich bin ich Finn …"

Ein Mann mit einem *Ohrring im linken Ohr zeigt auf den leeren Stuhl. „Jetzt komm! Diese Therapie kostet viel Geld. Außerdem will ich endlich nach Hause. Heute war ein schwerer Tag."

Therapie? „Aber …"

„Jetzt komm endlich", rufen auch die anderen Patienten.

Langsam geht Finn zu dem Stuhl und setzt sich.

„Bitte, meine Damen und Herren, bleiben Sie **ruhig**", sagt der Mann im hellblauen Pullover. „Herr Steiner …"

„Nein, ich heiße …"

„Entschuldigung. Finn natürlich. Heute ist für alle das erste Mal. Sie müssen nicht nervös sein, oder?", fragt er die anderen.

„Ja, ja", sagen alle.

„Ich bin Dr. Lange", sagt der Mann im hellblauen Pullover. „Herzlich willkommen bei den **Anonymen Workaholics**." Wie bitte? Finn sieht sich die Leute genauer an. Er kennt die Anonymen Alkoholiker, aber … Anonyme Workaholics?

„Also gut, wer will anfangen?", fragt Dr. Lange.

„Ich", sagt der Mann mit dem Ohrring. Er trägt eine schwarze Jeans und eine Motorradjacke.

„Natürlich." Der Mann auf seiner rechten Seite lacht. „Olaf, der Motorradfahrer, fängt an. Motorradfahrer sind immer die Nr. 1. Das denkt auch meine Frau."

Olaf steht auf und stellt sich vor den anderen Mann.

---

* **der Ohrring** - earring, **ruhig** - calm, **anonym** - anonymous

„Hey, hast du ein Problem mit mir? Willst du vor die Tür gehen?"

„Olaf, Jürgen, bitte! Wir sind doch hier nicht bei einem Fußballspiel", ruft Dr. Lange. „Olaf, setzen Sie sich und erzählen Sie uns von Ihrem Problem."

„Okay." Olaf setzt sich und *zieht seine Jacke aus. Unter der Jacke trägt er ein enges schwarzes T-Shirt. „Ich bin also Olaf und ich bin ein Workaholic."

„Erzählen Sie uns von Ihrem Job."

„Ich bin Verkäufer."

„Was verkaufen Sie?"

„Pommes frites."

Jürgen beginnt zu lachen. „Pommes frites?"

Olaf presst die Lippen zusammen. „Ja, Pommes frites. Diese französischen Kartoffelsticks."

„Die kommen aus Belgien", sagt Jürgen.

„Was?"

„Pommes frites kommen aus Belgien und nicht aus Frankreich."

„Hey, Mann. Das ist mein Job. Denkst du, du weißt alles besser als ich?"

„Und was ist das Problem mit Ihrem Job?", fragt Dr. Lange schnell.

„Das Problem ist natürlich mein **Chef**. Im Moment verkaufe ich pro Tag 30 Kilo Pommes frites, aber ich möchte noch mehr verkaufen. 40 oder 50 Kilo. **Ich würde gern** einen neuen Rekord haben. Ich möchte auch länger

---

* **ausziehen** - to take off, **eng** - tight, **die Lippen zusammenpressen** - to press one's lips together, **der Chef** - boss, **Ich würde gern ...** - I would like to ...

arbeiten, neun Stunden oder zehn Stunden, aber ich darf nicht. Ich muss um 18 Uhr schließen. Ich finde auch die Pausen viel zu lang. Eine ***Dreiviertelstunde**! Für mich sind fünfzehn Minuten genug. Danach kann ich wieder arbeiten. Aber nein! Ich muss noch eine halbe Stunde warten. Das ist total unfair! Außerdem gibt es noch ein Problem: Wir müssen in der Arbeit hässliche Kleidung tragen."

„Was bedeutet hässlich?", fragt Dr. Lange.

Olaf springt vom Stuhl. „Weiß! Eine weiße Hose, ein weißes T-Shirt, eine weiße Kappe und auch weiße Schuhe. Ich bin doch kein **Schneemann**! Ich bin Motorradfahrer!"

Er setzt sich wieder. „Ich bin also total im Stress! Jeden Tag!"

Jürgen rollt mit den Augen. Herr Lange schreibt etwas in seinen **Notizblock**.

„Gut. Wir kommen auf Sie zurück. Aber zuerst möchte ich die Probleme von den anderen Patienten hören. Helene, was ist mit Ihnen?"

Helene ist ungefähr zehn Jahre älter als Finn. Sie trägt einen langen grauen Rock und eine Bluse. Die Bluse ist genauso rot wie ihre Haare.

„Ich heiße Helene und ich bin auch ein Workaholic", sagt sie leise. „Ich bin Lehrerin für Französisch."

Jürgen **starrt** sie **an**. „Lehrer sind keine Workaholics. Die haben doch viel Freizeit. Sie sind nur am Vormittag im **Unterricht** und am Nachmittag machen sie nicht viel."

---

* **die Dreiviertelstunde** - three-quarters of an hour, **der Schneemann** - snowman, **der Notizblock** - notepad, **anstarren** - to stare at, **der Unterricht** - class

„Ich arbeite immer", sagt Helene. „Manchmal zehn Stunden am Tag. Ich *bereite jeden Tag den Unterricht **vor**, ich suche neue Spiele oder mache Kopien. Auch am Wochenende bleibe ich zu Hause und **korrigiere** Hausaufgaben. Aber das macht mir viel Spaß. Ich liebe meine Arbeit und in der Schule bin ich am glücklichsten. Ich kann mit den Schülern Texte lesen, Vokabular lernen oder französische Musik hören. Das mache ich sehr gerne. Aber am liebsten korrigiere ich Tests. Und die Tests sind mein größtes Problem."

„Warum?", fragt Dr. Lange. „Tests sind doch gut für die Schüler."

Helene schaut auf den Boden. „Ja, aber das Problem ist, ich bringe jedes Mal einen Test mit."

Herr Lange starrt sie an. „Das bedeutet, ihre Schüler schreiben in jedem Französischunterricht einen Test?"

Helene nickt. „Einen Vokabulartest oder Grammatiktest. Manchmal müssen sie einen Text über ihr letztes Wochenende schreiben. Oder wir schreiben ein **Diktat**."

„Aber was machen Sie dann in den **Ferien**? Sie haben drei Monate im Jahr frei. Es gibt Sommerferien, Winterferien, Herbstferien …"

Helene ist plötzlich ganz **traurig**. „Die Ferien sind für mich wirklich eine schwere Zeit. Ich möchte keinen Urlaub, aber ich muss ihn machen. Also korrigiere ich in dieser freien Zeit die E-Mails von meinen Freunden oder Artikel in Zeitungen oder **Kommentare** in den sozialen Medien.

---

* **vorbereiten** - to prepare, **korrigieren** - to correct, **das Diktat** - dictation, **die Ferien** - holidays (at school/university), **traurig** - sad, **der Kommentar** - comment

Ich will arbeiten. Ich bin Single, ja? Zu Hause ist es langweilig."

„Und was sagen Ihre Freunde?"

Helene schaut wieder auf den Boden. „Das ist das nächste Problem. Ich habe leider keine Freunde mehr. Das bedeutet, zu Hause ist es jetzt noch langweiliger." Ihr Gesicht wird ganz rot.

„Geht es Ihnen gut?", fragt Dr. Lange.

Helene schüttelt den Kopf. „Nicht wirklich", antwortet sie und steht auf. „Ich bin sehr nervös. Ich muss unbedingt etwas korrigieren, ja? Jetzt! Aber was?" Dann setzt sie sich wieder. „Entschuldigung. Können Sie mir helfen, Herr Doktor?"

„Vielleicht kann ich dir helfen", sagt Olaf. „Du musst mehr an die frische *Luft** gehen. Ich kann dich mit meinem Motorrad abholen. Ich kenne ein sehr gutes Pommes-frites-Restaurant."

„Pommes frites?" Jürgen lacht. „Das ist ja sehr romantisch. Nein, ich habe eine bessere Idee. Ich komme zu dir nach Hause und koche für dich. Ich denke, ich kann viel besser kochen wie Olaf."

Helenes Augen werden ganz groß. „Besser *als* Olaf! Nicht besser *wie* Olaf. Das ist falsch! Oh, danke, vielen Dank!"

Jürgen rollt mit den Augen. „Okay, vergiss meine Idee."

„Finn, was ist Ihr Problem?", fragt Dr. Lange.

Finn weiß nicht, was er sagen soll. „Also, ich bin Student."

„Was?", sagt Olaf. „Du hast keinen Job? Warum bist du dann hier?"

---

* **die Luft** - air

„Aber bitte", sagt Dr. Lange. „Auch Studenten arbeiten schwer."

„Sehr lustig", sagt Jürgen. „Studenten bekommen Geld vom *Staat. Und woher bekommt der Staat dieses Geld? Von uns. Wir arbeiten für ihn. Und wir bezahlen auch seine Therapie."

„Jürgen, vielleicht kann Finn uns erzählen ..."

„Nein", sagt Jürgen. „Finn kann warten. Jetzt bin ich dran, denn ich bezahle diese Therapie **aus *meiner* Tasche**."

Finn ist froh. Er muss nicht sprechen. Plötzlich hat er eine Idee. Vielleicht kann er beim Paketdienst anrufen. Vielleicht können sie ihm sagen, wo sein Päckchen ist. Er muss unbedingt zurück in seine Wohnung.

Dr. Lange schreibt wieder etwas auf seinen Notizblock. „Also gut, Jürgen", sagt er. „Sie sind also auch ein Workaholic."

„Ich?" Jürgen lacht. „Sehe ich so aus? Ich arbeite nicht gern. Ich **hasse** meinen Job. Am liebsten würde ich auf Hawaii leben und jeden Tag an den **Strand** gehen."

Dr. Lange starrt Jürgen an. „Warum sind Sie dann hier?"

Jürgen seufzt. „Ich wollte einige Workaholics kennenlernen. Ich will verstehen, wie sie denken. Ich bin der Chef von einem großen Kaufhaus hier in Köln. Dort kann man zum Beispiel Kleidung, Bücher, Taschen, Koffer und auch **Schmuck** kaufen. Einige **Mitarbeiter** sagen, ihr Job ist langweilig. Sie rufen mich an oder schreiben mir E-

---

* **der Staat** - state, **aus meiner Tasche** - out of my pocket, **hassen** - to hate, **der Strand** - beach, **der Schmuck** - jewelry, **der Mitarbeiter** - employee

Mails. Sie wollen mehr arbeiten, sie möchten interessante Aufgaben. Das kann ich nicht verstehen. Sind die alle verrückt?"

„Haben Sie schon einmal *persönlich mit ihnen gesprochen?", fragt Dr. Lange. „Vielleicht können Sie das Problem zusammen **lösen**."

„Persönlich?" Jürgen lacht. „Nein, nein. Ich möchte keinen persönlichen Kontakt zu meinen Mitarbeitern. Ich bin ja der Chef. Ich habe mein Büro im vierten und letzten Stock und bin den ganzen Tag dort. Auch in der Mittagspause."

„Aber Arbeit muss interessant sein, ja?", sagt Helene. „Die Menschen sind acht Stunden pro Tag in der Arbeit. **Langeweile** kann krank machen."

„Und?", sagt Jürgen. „Dann bleiben einige Leute zu Hause im Bett. Das ist doch gut! Dann haben ihre Kollegen mehr Arbeit und alle sind glücklich."

„Ich mag Sie nicht." Olaf stellt seinen Stuhl auf die andere Seite vom Kreis.

„Das ist mir egal", sagt Jürgen. „Ich mag Menschen generell nicht. Ich habe aber schon eine **Lösung** für das Problem gefunden. Sie ist ganz einfach. Ich **entlasse** 20 Prozent von den Mitarbeitern. Fertig!"

„Aber das können Sie nicht machen!", sagt Finn. Dieser Typ ist wirklich ein Idiot!

„Natürlich kann ich. Ich beginne im dritten Stock. Dort kann man Essen kaufen. Auf der einen Seite gibt es indisches, italienisches, türkisches und deutsches Essen und

---

* **persönlich** - personally, **lösen** - to solve, **die Langeweile** - boredom, **die Lösung** - solution, **entlassen** - to dismiss

auf der anderen spanisches, griechisches und chinesisches Essen. Das ist zu viel! Die anderen Kaufhäuser haben viel weniger Essen als wir. Also entlasse ich einige Leute. Nur die Italiener, die Chinesen und die Inder können bleiben."

Olaf sieht Jürgen mit großen Augen an. „In welchem Kaufhaus arbeiten Sie?"

„Es heißt *Millennium*. Sie kennen es alle, oder? Es ist das größte Kaufhaus hier in Köln."

Olaf steht langsam auf. Seine Augen werden ganz klein. „Ja, ich kenne es sehr gut, Herr Jürgen Pichler."

„Was? Woher kennen Sie meinen Familiennamen?"

Olaf geht zu Jürgen und stellt sich vor ihn. „Ich arbeite im *Millennium* im dritten Stock. Ich verkaufe dort die Pommes frites."

„Oh-oh", sagt Helene.

„Meine Herren, bitte!" Auch Dr. Lange steht auf und stellt sich zwischen Olaf und Jürgen. Aber Olaf schiebt ihn zur Seite und packt Jürgen am Hemd.

„Schnell, *raus hier!", ruft Dr. Lange.

Endlich! Zusammen mit Helene rennt Finn aus der Praxis. Er nimmt die Treppe in den zweiten Stock und schließt seine Wohnung auf. Zuerst braucht er ein Glas Wasser. Gibt es in diesem Haus eigentlich auch normale Menschen?

Er sucht die Telefonnummer vom Paketdienst auf der Nachricht aus dem Briefkasten. Dann holt er sein Handy aus der Hosentasche und ruft die Hotline an.

---

* **Raus hier!** - Get out of here!

6. Die Hotline

Es klingelt. Einmal, zweimal. Nach dem dritten Mal antwortet jemand: „Herzlich willkommen beim Paketdienst DPS."

„Guten Tag", sagt Finn. „Ich brauche unbedingt Ihre Hilfe. Ich suche ..."

Aber die *Stimme spricht weiter: „Leider sind unsere Mitarbeiter im Moment alle im Gespräch. Bitte haben Sie einen Moment **Geduld**."

Finn rollt mit den Augen. Heute hat er wirklich kein Glück. Er hat nur **Pech**. In zweieinhalb Stunden kommt Amelie. Zum Glück hat Finn schon geduscht, aufgeräumt und die Wohnung geputzt.

„Bitte warten Sie, bitte warten Sie", sagt die Stimme am Telefon. Finn macht die Balkontür auf und geht hinaus. Vor dem Haus steht ein großer alter Baum. Der Spielplatz auf der anderen Seite von der Straße ist leer, denn im Moment regnet es leicht. Der Herbst hat vor einer Woche angefangen und es hat fast jeden Tag geregnet. Vorgestern hat es auch ein starkes Gewitter gegeben und Finns Regenschirm ist **kaputtgegangen**. Aber das ist alles egal, denn der Sommer war in diesem Jahr sehr warm. In Köln war der Himmel fast drei Monate lang **wolkenlos**.

„Bitte haben Sie noch einen Moment Geduld", sagt die Stimme am Telefon.

Finn ist kalt. Er geht wieder in seine Wohnung und

---

* **die Stimme** - voice, **die Geduld** - patience, **das Pech** - bad luck, **kaputtgehen** - to break, **wolkenlos** - cloudless

schließt die Balkontür. Dann setzt er sich auf sein Sofa. Er ist total *müde. Letzte Nacht hat er nicht gut geschlafen. Er hat immer an Amelie gedacht und an sein Geschenk, den Ring. Er muss ihn unbedingt finden!

„Es tut uns leid. Unsere Mitarbeiter sind **noch immer** im Gespräch. Bitte warten Sie!"

Finn seufzt. Er wartet jetzt schon seit fünfzehn Minuten. Sein Handy **piept**. Oh, nein! Sein **Akku** ist leer. Finn sucht das Kabel, aber er kann es nicht finden. Verflixt! Sein Handy ist schon sehr alt und kann sich jeden Moment ausschalten. Er sucht das Kabel auf dem Schreibtisch, in seinem Regal, hinter dem Sofa, aber es ist nicht da.

Sein Handy piept noch einmal. Vielleicht ist das Kabel in seinem Rucksack? Nein, auch nicht.

„Paketdienst DPS, mein Name ist Karola Pfennig. Was kann ich für Sie ..."

Dann ist das Handy **tot**.

„Na, **toll**!" Finn wirft das Handy auf das Sofa. Er braucht jetzt unbedingt ein Bier. Er geht in die Küche und nimmt eine Flasche aus dem Kühlschrank. Dann holt er das Festnetztelefon aus dem Flur und ruft noch einmal den Paketdienst an. Wieder klingelt es. Wie lange muss er dieses Mal warten?

„Herzlich willkommen beim Paketdienst DPS", sagt eine Stimme elf Minuten später. „Mein Name ist Viola Stauder. Wie kann ich Ihnen helfen?"

„Das ist ja unglaublich." Finn rollt mit den Augen. „Sie sind ja schnell!"

---

* **müde** - tired, **noch immer** - still, **piepen** - to beep, **der Akku** - battery, **tot** - dead, **toll** - great

„Wie bitte?"

„Nichts, Entschuldigung. Ich habe nur laut gedacht. Mein Name ist Finn Möller. Ich habe ein großes Problem …"

„Entschuldigen Sie bitte, Herr Möller. Einen Moment."

Finn hört die Stimme von einem Mann. Er spricht mit Frau Stauder, aber Finn kann nicht viel verstehen.

„Herr Möller, sind Sie noch da?", sagt Frau Stauder nach einem Moment.

„Ja, ich bin hier."

„Das tut mir jetzt wirklich leid, aber mein Chef möchte sofort mit mir sprechen. Können Sie später noch einmal anrufen?"

„Nein", sagt Finn schnell. „Kann ich vielleicht mit einem Kollegen oder einer Kollegin sprechen?"

„Leider ist das im Moment nicht möglich. Meine Kollegen sind alle am Telefon."

„Okay", sagt Finn. „Wie lange *dauert das Gespräch zwischen Ihnen und Ihrem Chef?"

„Nicht lange, denke ich. Möchten Sie warten?"

„Gerne", antwortet Finn. Er möchte nicht noch einmal anrufen. Vielleicht muss er dann noch länger warten.

„Ich bin gleich wieder da", sagt Frau Stauder. „Entschuldigen Sie bitte noch einmal."

„**Schon gut.**" Eine Sekunde später hört Finn Musik von Mozart aus dem Telefon. Er schaut noch einmal auf die Nachricht vom Paketdienst.

Sie finden Ihr Päckchen bei Nachbar Nr. 5.
Ihr Paketdienst

---

* **dauern** - to last, **Schon gut.** - It's okay.

Diese Information ist wirklich keine Hilfe. Finn hat in den letzten zwei Stunden vier Nachbarn kennengelernt. Waren sie Nachbar 1 bis 4? Vielleicht ist dann der nächste Nachbar im ersten Stock die Nr. 5? Er seufzt. Er hat wirklich keine Lust mehr. Er will nicht mehr bei seinen Nachbarn klingeln. Hoffentlich hat er Glück und Frau Stauder kann ihm helfen.

„Hallo?"

Da ist sie.

„Frau Stauder", sagt Finn. „Ich habe einen Ring im Internet bestellt. Heute ist der Paketdienst gekommen, aber ich war unter der Dusche. Dann hat Ihr Mitarbeiter das Päckchen einem Nachbarn gegeben, aber auf der Nachricht steht kein Name, *sondern nur: Nachbar Nr. 5. Ich habe schon bei vier Nachbarn gefragt, aber ich habe das Päckchen nicht gefunden. Können Sie mir bitte helfen?"

Frau Stauder lacht und lacht.

„Ähm, Frau Stauder", sagt Finn. „Ich finde das leider nicht lustig. Ich habe auch nicht mehr viel Zeit. Ich brauche den Ring bis heute Abend um 18 Uhr. Das ist wirklich sehr wichtig für mich."

„Wie heißt du?", fragt die Stimme am Telefon.

Finn ist einen Moment **sprachlos**. Das ist nicht Frau Stauder am Telefon. Das ist ein Kind!

„Ich bin Finn", antwortet er langsam. „Und wer bist du?"

„Ich bin Emil."

„Wie alt bist du, Emil?"

„Ich bin schon vier."

„Und was ..."

---

* **sondern** - but, **sprachlos** - speechless

„Ich werde bald fünf", sagt der Junge. „Und zum Geburtstag wünsche ich mir ein Smartphone von Mama."

„Ah ja. Wer ist deine Mama?"

„Das ist eine *komische Frage", sagt Emil. „Mama ist Mama. Weißt du das nicht?"

„Kann ich bitte mit Mama sprechen?"

„Nee, das geht nicht. Sie ist im Büro von diesem dicken Mann. Er ist auch sehr hässlich."

Okay, Emil ist also der Sohn von Frau Stauder. Aber was macht ein Kind bei der Hotline vom Paketdienst?

„Warum bist du nicht im Kindergarten?", fragt Finn.

„Heute ist kein Kindergarten", sagt der Junge. „Alle Kinder in meiner Gruppe sind krank und ich darf nicht hingehen. Hast du ein Smartphone?"

„Natürlich!", antwortet Finn.

„Im Inter ..., Inter ..."

„Internet?", sagt Finn.

„Ja, genau. Da gibt es ganz viele Videos. Ich darf sie aber nicht sehen. Mama denkt, ich bin noch zu klein. Ich bin aber schon viel größer und älter als meine Schwester."

„Emil", sagt Finn. „Warum legst du das Telefon nicht auf den Tisch und **zeichnest** etwas?"

„Nein", sagt der Junge. „Zeichnen ist **doof**. Erzählst du mir eine **Geschichte**?"

Finn seufzt. Normalerweise hat er keinen Kontakt mit Kindern, denn alle seine Freunde und auch seine Cousins sind **kinderlos**. Ja, er mag Kinder, aber er möchte in den nächsten zehn Jahren noch keine haben. „Hör mal", sagt er.

---

* komisch - strange, **zeichnen** - to draw, **doof** - stupid, **die Geschichte** - story, **kinderlos** - childless

Der Junge beginnt zu weinen. „Du erzählst mir eine Geschichte oder ich *lege auf.“

„Nein“, sagt Finn schnell. „Du darfst nicht auflegen. Bitte nicht, okay?“

„Erzählst du mir dann eine Geschichte?“

Finn setzt sich auf sein Sofa. „Also gut.“ Er **denkt nach**. Welche Geschichte soll er erzählen? Vielleicht ein **Märchen**? Er hat aber seit fünfzehn Jahren kein Märchen mehr gehört. Vielleicht kann er *Rotkäppchen* versuchen.

„Okay, hör zu. **Es war einmal …**“

„Aber nicht das Märchen von Rotkäppchen“, sagt der Junge. „Das ist total langweilig. Außerdem ist es eine Geschichte für Mädchen. Ich will eine richtige Geschichte hören.“

Finn hat keine Geduld mehr. Was würde Amelie jetzt machen? Sie hat schon Neffen und Nichten und versteht Kinder viel besser als er.

„Soll ich auflegen?“, fragt der Junge.

„Nein! Was möchtest du denn hören?“

„Eine Geschichte mit einem Wolf ist okay. Aber nicht mit einem normalen Wolf. Ich will einen **Werwolf**!“

„Einen Werwolf? Das geht nicht. Du bist noch zu klein!“

„Ich bin fast fünf!“

Finn seufzt. „Also gut. Es war einmal ein Werwolf.“

„Drei Werwölfe!“

„Es waren einmal drei Werwölfe“, beginnt Finn noch

---

* **auflegen** - to hang up, **nachdenken** - to think about, **das Märchen** - fairytale, **das Rotkäppchen** - Little Red Riding Hood, **Es war einmal …** - Once upon a time …, **der Werwolf** - werewolf

einmal. „Sie haben zusammen in einem ***Wald** gelebt.“

„Wie waren ihre Namen?“, fragt Emil.

„**Keine Ahnung**. Hans, Willi und Susanne?“

Der Junge lacht. „Die Namen sind total doof. Nein, sie heißen Voldemort, Gollum und Hellboy.“

„Sag mal, Junge, woher kennst du diese Namen?“

„Ich habe einen großen Bruder“, antwortet Emil. „Und manchmal ist Mama nicht zu Hause und dann sehen wir ...“

„Okay, ich will das nicht wissen. Also, die drei Wölfe ...“

„Werwölfe!“

„Die drei Werwölfe ...“

„Was essen Werwölfe eigentlich?“, fragt Emil.

„Ähm ... kleine Jungen?“, sagt Finn.

Emil denkt nach. „Das ist gut“, sagt er. „Dann muss ich keine **Angst haben**, denn ich bin nicht mehr klein. Ich bin schon fast fünf.“

Finn schaut auf die Uhr. Wann kommt Emils Mutter endlich zurück?

„Emil, kennst du die Geschichte von Prinzessin ...“

„Nee, ich will keine neue Geschichte. Warte.“ Emil denkt einen Moment nach, dann sagt er. „Okay, ich erzähle jetzt. **Hör zu**: Die Werwölfe hatten Hunger! Also haben sie den Wald verlassen und sind in die Stadt gegangen.“

„Warum?“, fragt Finn. „Das ist nicht **logisch**. Im Wald gibt es viele **Tiere**. Die Wölfe ...“

„Werwölfe!“

---

* **der Wald** - forest, **Keine Ahnung.** - No idea., **Angst haben** - to be afraid, **zuhören** - to listen, **logisch** - logical, **das Tier** - animal

„Werwölfe", *wiederholt Finn langsam. „Die Werwölfe können dort essen."

„Aber du hast gesagt, Werwölfe essen am liebsten kleine Jungen!"

„Das war nicht richtig!", sagt Finn. „Werwölfe essen am liebsten **Wildschweine** mit … Pommes frites!" Sofort muss er an Olaf aus der Therapiegruppe im ersten Stock denken.

Emil lacht. „Nee, das ist Quatsch! Also, die Werwölfe gehen in die Stadt in einen Park und in der Nacht …"

„Emil, ich will das nicht hören!"

„Und in der Nacht liegen sie hinter einem Baum und …"

„Ich höre nicht zu", sagt Finn.

„Und dann kommen ein paar Frauen mit kleinen Kindern und die Werwölfe …"

„Emil! Gib mir sofort das Telefon", ruft plötzlich seine Mutter. „Hallo?"

„Frau Stauder?"

„Es tut mir leid, Herr Möller. Das war mein Sohn. Ich habe ihn heute zur Arbeit mitgebracht, denn der Kindergarten war geschlossen und natürlich findet mein Chef das nicht gut. Aber egal, das ist nicht Ihr Problem."

„Nein", sagt Finn. „Aber ich hoffe, bei Ihnen **ist** alles **in Ordnung**."

Frau Stauder antwortet nicht. „Was kann ich für Sie **tun**?"

Finn **erklärt** Frau Stauder noch einmal die Situation. „Ich

---

* **wiederholen** - to repeat, **das Wildschwein** - wild boar, **in Ordnung sein** - to be all right, **tun** - to do, **erklären** - to explain

hoffe also, Sie können mir helfen. Wissen Sie, wo mein Päckchen ist?"

„Oh, das tut mir leid, Herr Möller. Aber da haben Sie leider die falsche Nummer angerufen. Wir sind nur für kaputte Päckchen da."

Finn schaut noch einmal auf die Nachricht vom Paketdienst. Dort stehen drei Nummern! Finn schließt die Augen. Das kann er jetzt nicht glauben. Bitte nicht! „Okay", sagt er. „Welche Nummer muss ich also anrufen?"

„Das ist die Nummer mit der 02 am Ende. Es tut mir echt leid", sagt Frau Stauder. „Viel Glück, Herr Möller."

„Danke!"

Finn legt auf und ruft die richtige Nummer an.

„Herzlich willkommen beim Paketdienst DPS. Leider sind unsere Mitarbeiter im Moment alle im Gespräch. Bitte haben Sie einen Moment Geduld. Bitte warten Sie ..."

7. Der Autor

Wenig später läuft Finn die Treppe hinunter in den ersten Stock. Er hat siebzehn Minuten am Telefon gewartet, aber bei der Hotline hat niemand geantwortet.

Im ersten Stock gibt es nur noch eine andere Wohnung, denn die Arztpraxis ist so groß wie zwei Wohnungen zusammen. Die Wohnung links gehört einer Person mit dem Namen Stefan König. Finn klingelt.

„Es ist niemand zu Hause", ruft ein Mann.

Sehr lustig! Finn klingelt noch einmal.

„Ich komme erst morgen aus dem Urlaub zurück", ruft der Mann wieder.

Finn klopft an die Tür. Er kann nicht bis morgen warten.

„Okay, okay, ich komme!"

Die Tür öffnet sich, aber nur ein bisschen. Finn kann eine Brille und zwei kleine rote Augen erkennen.

„Wer sind Sie und was wollen Sie?", fragt Herr König.

„Ich bin Ihr Nachbar Finn Möller und suche ein Päckchen. Hat der Paketdienst es vielleicht zu Ihnen gebracht?"

„*Was für ein Päckchen?"

„Ein kleines", antwortet Finn. Er hat auch keine Ahnung, wie genau das Päckchen aussieht.

„Was ist in dem Päckchen?", fragt Herr König.

„Ein Ring."

„Für wen?"

---

* **Was für ...?** - What kind of ...?

56

„Für meine Freundin. Aber das ist privat."

Herr König macht die Tür *weit auf. Er ist ein kleiner Mann mit dünnen braunen Haaren und einer **spitzen** Nase. Er hat seinen Bart schon einige Tage nicht **rasiert**. Er trägt einen Jogginganzug und Hausschuhe.

„Natürlich ist das wichtig", sagt er. „Wollen Sie Ihre Freundin heiraten?"

„Nein", sagt Finn. „Also nicht im Moment."

„Warum nicht?"

„Hören Sie …", sagt Finn.

„Ich höre sehr gut. Und ich möchte mehr hören. **Kommen Sie herein.**" Herr König dreht sich um und geht ins Wohnzimmer.

Finn bewegt sich nicht. Herr König hat ihm keine richtige Antwort gegeben. Hat er das Päckchen oder nicht? Finn muss es wissen. Er geht in die Wohnung, macht die Tür zu und **folgt** seinem Nachbarn ins Wohnzimmer.

Herr König steht an einem großen Fenster und schaut hinaus. „Setzen Sie sich, setzen Sie sich!", sagt er.

Finn schaut sich um. Wohin soll er sich setzen? Auf der Couch und dem Sessel liegen viele **Blätter Papier** und auf dem Boden **verschiedene** Bücher von deutschen, amerikanischen und französischen Autoren. Finn erkennt **Liebesromane**, **Krimis** und auch Fantasyromane. Auf dem Couchtisch gibt es einen Laptop, ein Notizheft, viele Stifte, einen Teller mit Karotten und eine große **Kanne** Kaffee.

---

* **weit** - wide, **spitz** - pointy, **rasieren** - to shave, **Kommen Sie herein.** - Come in., **folgen** - to follow, **das Blatt Papier** - sheet of paper, **verschieden** - different, **der Liebesroman** - romantic novel, **der Krimi** - detective novel, **die Kanne** - pot

„Warten Sie." Schnell räumt Herr König das Wohnzimmer auf und setzt sich dann. „Gut", sagt er. „Jetzt können wir anfangen."

Finn setzt sich auf den Sessel. „Anfangen mit was?"

„Oh, ich bin *dumm." Herr König steht wieder auf, rennt in die Küche und kommt mit einer Kaffeetasse zurück. Dann starrt er Finn an. „Möchten Sie Kaffee?"

„Nein, danke. Anfangen mit was?", wiederholt er seine Frage.

Herr König nimmt sich eine Tasse Kaffee und geht im Zimmer **hin und her**. „Ich habe keine Zeit für lange **Erklärungen**."

Finn steht auf. „Und eigentlich möchte ich auch keine Erklärungen haben. Ich möchte nur wissen: Haben Sie heute Morgen ein Päckchen bekommen oder nicht?"

„Ja, ja, das habe ich." Herr König legt seine Tasse zurück auf den Tisch. „Es ist im Schrank im Flur. Aber zuerst müssen Sie mir helfen. Bitte!"

Finn sieht den Mann an. Er sieht sehr müde und traurig aus. Es ist jetzt kurz nach 16.30 Uhr. Er hat noch **anderthalb** Stunden Zeit. Finn seufzt und setzt sich wieder. „Also gut, wie kann ich Ihnen helfen?"

Herr König setzt sich an seinen Laptop und legt seine Hände auf die **Tastatur**. „Also, fangen wir an", sagt er noch einmal. „Wo haben Sie Ihre Freundin kennengelernt? Karotte?" Er hält Finn den Teller mit Karotten vor die Nase.

---

* **dumm** - dumb, **hin und her** - back and forth, **die Erklärung** - explanation, **anderthalb** - one and a half, **die Tastatur** - laptop and computer keyboard

„Warum möchten Sie das wissen?", fragt Finn.

„Vielleicht haben Sie Hunger", sagt Herr König.

Finn rollt mit den Augen. „Ich meine: Warum fragen Sie, wo ich meine Freundin kennengelernt habe?"

Herr König springt wieder auf. „Okay, ich erkläre es Ihnen." Er zeigt auf die Bücher, die Blätter Papier und den Laptop. „Ich bin Autor. Ich schreibe Bücher. Jedes Jahr ein Buch. Sehen Sie hier." Er holt ein Buch aus dem Regal neben dem Fenster und legt es auf den Tisch. „Das ist meins. Das habe ich geschrieben."

Finn sieht sich das Buch an. Das Cover ist sehr *bunt mit Blumen, Meer und Strand. Es hat den Titel „Ein **Herz** für Frieda".

„Das ist nicht Ihr Buch", sagt Finn.

„Natürlich ist das meins!"

Finn zeigt auf das Cover. „Da steht aber nicht Ihr Name. Da steht Kira Stefanson."

„Aber das bin ich." Herr König isst eine Karotte. „Ich schreibe Liebesromane. Und sie verkaufen sich besser mit einem Frauennamen. Kira Stefanson ist mein Pseudonym."

„Ich verstehe", sagt Finn. Dieser Mann ist ein bisschen komisch. „Und was ist jetzt das Problem?"

Herr König legt seine Hand auf das Buch. „Diesen Roman habe ich vor fünf Jahren geschrieben. Danach habe ich noch drei Bücher geschrieben. Ich habe die Manuskripte meinem **Verlag** per Post geschickt, aber sie haben sie mir alle zurückgeschickt."

„Warum?"

„Das weiß ich nicht", antwortet Herr König. „Ich habe

---

* **bunt** - colorful, **das Herz** - heart, **der Verlag** - publisher

die Päckchen nicht geöffnet. Ich bin … zu *sensibel. Ich kann keine **Kritik** hören."

„Und was wollen Sie von mir?"

„Ach so, ja", sagt Herr König. „Ich muss dem Verlag jedes Jahr am 15. Oktober das Manuskript von einem neuen Buch schicken. Das ist in zwei Wochen! Aber ich habe keine Idee. Nichts, **überhaupt nichts**!" Er springt vom Sofa auf und geht zu seinem Bücherregal. „Ich habe jedes Buch in die Hand genommen und ein bisschen darin gelesen. Ich habe gedacht, vielleicht bekomme ich eine Idee. Aber mein Kopf ist absolut leer. Da ist nichts! Nur Luft! Ich bin spazieren gegangen, ich habe viele Liter Kaffee getrunken, ich habe in der Zeitung Inspiration gesucht. Und was habe ich gefunden?"

„Nichts?", fragt Finn.

„Nichts", sagt Herr König. Er setzt sich wieder auf das Sofa und steckt sich noch eine Karotte in den Mund.

„Aber wie kann ich Ihnen helfen?", fragt Finn. „Ich studiere Mathematik und nicht Literatur. Außerdem lese ich nicht so viele Romane."

Herr König trinkt noch ein bisschen Kaffee. „Ich schreibe Liebesromane und ich brauche eine Liebesgeschichte. Also, erzählen Sie."

„Erzählen Sie was?", fragt Finn.

„Na, wie haben Sie Ihre Freundin kennengelernt?"

Finn starrt seinen Nachbarn an. Will er wirklich seine Liebesgeschichte mit Amelie in ein Buch schreiben? Aber das ist privat und das möchte Finn nicht. Er will Herrn

---

* sensibel - sensitive, **die Kritik** - criticism, **überhaupt nichts** - nothing at all

König aber auch helfen und natürlich das Päckchen im Flur sehen.

„Also?" Herr König legt seine Finger wieder auf die Tastatur.

„Meine Freundin …", beginnt Finn.

„Wie heißt sie?"

„Ähm … Jeanette", sagt Finn. „Meine Freundin Jeanette und ich haben uns in Paris kennengelernt."

„Sehr gut." Herr König *tippt etwas in den Laptop.

Finn muss lächeln. Er hat seine Freundin Amelie natürlich zuerst an der Uni und dann auf der Studentenparty getroffen. Aber die Party hat eine amerikanische Studentin organisiert. Ihr Name war Paris.

„Was haben Sie in Paris gemacht?", fragt Herr König.

„Urlaub", antwortet Finn. „An diesem Tag habe ich ein Weingeschäft gesucht. Ich wollte eine gute Flasche Wein nach Deutschland mitnehmen."

Auch das ist fast richtig. Auf der Party wollte Finn ein Glas Wein trinken, aber die Weinflaschen waren schon leer. Also hat er eine volle Flasche gesucht und dann endlich in der Küche eine gefunden.

„Und in dem Weingeschäft haben Sie dann Ihre Freundin kennengelernt, oder?", fragt Herr König.

„Ja, genau! Sie war beim Weißwein und ich beim Rotwein, aber ich habe sie sofort **bemerkt**."

Finn denkt an die Party. Er hat eine Flasche Rotwein im Küchenschrank gefunden. Dann hat er sich umgedreht und wollte ins Wohnzimmer zurückgehen. Aber plötzlich hat Amelie mit einer Flasche Weißwein vor ihm gestanden.

---

* **tippen** - to type, **bemerken** - to notice

Finn ist gegen sie gelaufen und die Flaschen sind auf den Boden gefallen.

„Sie haben Ihre Freundin also sofort bemerkt. Und was haben Sie zu ihr gesagt?"

Finn lächelt wieder. Auf der Party haben Amelie und er gelacht. Die Situation war aber auch sehr lustig. Amelie hat gesagt, Roséwein ist eigentlich ihr Lieblingswein.

„Finn?"

„Ähm, ich habe zuerst nichts gesagt, denn …"

„Denn sie war nicht allein, stimmt's?", fragt Herr König.

„Was?", sagt Finn. „Ja, okay. Sie war nicht allein. Sie war mit einem anderen Mann dort. Er war groß und hat elegante Kleidung getragen."

„Aha." Herr König tippt weiter. „Ihre Freundin Jeanette war also ein *armes Mädchen und ihr Freund war ein reicher Typ. Sehr gut. Was ist dann passiert?"

Einige Wochen nach der Studentenparty haben Amelie und Finn eine Reise mit dem Zug an den **Bodensee** gemacht. Ihre erste Reise zusammen! Das Wetter war schlecht, aber das war ihnen egal.

„Zwei Tage später", erzählt Finn, „bin ich noch einmal in das Weingeschäft in Paris gegangen und sie war auch wieder da."

„Oh", sagt Herr König. „Sehr romantisch. Und Sie und Jeanette haben **sich** sofort **verliebt**, ja?"

„Natürlich", antwortet Finn.

„Aber da war der reiche Typ. Und der hatte ein Problem mit Ihnen."

---

* **arm** - poor, **reich** - rich, **der Bodensee** - Lake Constance, **sich verlieben** - to fall in love

„Genauso war es", sagt Finn. „Am nächsten Tag hat es stark geregnet und …"

„ … und Sie sind dann in den Zug gestiegen, denn Sie wollten eine Reise nach Sankt Petersburg machen", sagt Herr König und tippt und tippt.

„Ähm … okay." Finn findet das nicht logisch. Warum soll jemand mit dem Zug nach Sankt Petersburg fahren? Mit dem Flugzeug ist man viel schneller.

„Und das Mädchen Jeanette, ihr Freund und ihre Mutter waren in demselben Zug, stimmt's?"

„Ja, okay", sagt Finn.

„Jeanette hat keinen Vater und ihre Mutter hatte Probleme mit dem Geld. Und sie hat ihrer Tochter gesagt, sie soll den reichen Typ heiraten. Wie war eigentlich sein Name?"

„Robert?"

„Robert. Sehr gut.", sagt Herr König. „Wann haben Sie dann Jeanette im Zug getroffen?"

„Ich bin ins Bordrestaurant gegangen und da war sie."

„Allein?"

„Leider nicht. Ihr Freund Robert war immer bei ihr. Aber er ist nach einer halben Stunde auf die Toilette gegangen."

„Und dann haben Sie mit Jeanette gesprochen."

„Richtig. Aber nur ganz kurz."

„Und Sie haben sich verliebt."

„Stimmt auch."

„Und wann ist dann der *Unfall passiert?", fragt Herr König.

„Was? Welcher Unfall?"

---

* **der Unfall** - accident

„Na, das Wetter war nicht so gut. Sie haben gesagt, es hat stark geregnet und bei Regen passieren oft Unfälle."

„Richtig, der Unfall. Der ist drei Tage später passiert. Ein Baum ist vor den Zug gefallen. Es war *schrecklich."

Herr König ist ganz rot im Gesicht. Er tippt immer schneller. „Ein Drama", sagt er. „Der Zug ist zur Seite gefallen. Ganz langsam. Die Passagiere sind aus den Fenstern gesprungen. Es war dunkel und man hat nichts gesehen. Sie haben Jeanette gesucht und dann sind auch Sie zusammen gesprungen. Aber der Zug war in dem Moment auf einer **Brücke** und links und rechts war nur Wasser – ein großer **See**. Das Wasser war eiskalt und Sie sind geschwommen, aber Sie haben das **Ufer** nicht gesehen. Der Baum ist auch ins Wasser gefallen und Jeanette hat sich auf ihn gelegt. Aber für Sie war kein **Platz** mehr."

„Ähm …", sagt Finn. Diese Geschichte ist nicht neu.

Herr König spricht weiter: „Nach einer Stunde hatten Sie dann keine **Kraft** mehr. Sie haben Jeanette einen letzten Kuss gegeben und dann sind Sie gestorben."

„Ich bin aber noch hier", sagt Finn.

„Fantastisch!" Herr König macht den Laptop zu. Er steht auf und gibt Finn die Hand. „Danke, junger Mann!"

„Gerne", sagt Finn. Dieser Typ **hat nicht mehr alle Tassen im Schrank**. „Kann ich jetzt das Päckchen sehen?"

„Was für ein Päckchen?"

„Sie haben gesagt, Sie haben heute eins bekommen."

---

* **schrecklich** - horrible, **die Brücke** - bridge, **der See** - lake, **das Ufer** - shore, **der Platz** - room/space, **die Kraft** - strength, **nicht mehr alle Tassen im Schrank haben** - to have lost one's marbles/to be crazy

„Ah, natürlich", sagt Herr König. „Das habe ich vergessen. Kommen Sie."

Zusammen gehen sie in den Flur. Herr König öffnet den Schrank. Einige Päckchen fallen auf den Boden.

„Das hier ist es." Herr König nimmt ein Päckchen in die Hand.

Das Päckchen ist zu groß. Das bemerkt Finn sofort. Außerdem steht dort nicht sein Name, sondern der Name von Herrn König.

„Das ist von Ihrem Verlag", sagt Finn. „Möchten Sie es nicht aufmachen?"

Herr König starrt das Päckchen einen Moment an. „Also gut."

In dem Päckchen gibt es ein Manuskript und einen Brief. Herr König seufzt. „Das ist schlecht." Er gibt Finn den Brief. „Lesen Sie ihn."

Finn zieht den Brief aus dem *Briefumschlag.

Lieber Herr König,

danke für dieses Manuskript und auch die drei Manuskripte aus den letzten drei Jahren. Leider müssen wir Ihnen etwas sagen: Die Ideen für Ihre Liebesgeschichten gibt es schon seit langer Zeit. Romeo und Julia, Superman und Louis Lane, Harry und Sally sind nicht neu. Danke aber für Ihr Interesse.

Mit freundlichen Grüßen
Wilhelm Kornblum / Momsen-Verlag

---

* **der Briefumschlag** - envelope, **Mit freundlichen Grüßen** - Yours sincerely

Herr König steckt alle Päckchen zurück in den Schrank. Dann lacht er. „Wissen Sie was? Das ist egal. Es ist alles egal, denn die neue Geschichte ist supergut. Das wird ein Bestseller! Danke nochmal, junger Mann." Er schiebt Finn zur Wohnungstür. „Gehen Sie, gehen Sie. Ich muss die Geschichte jetzt schreiben. Auf Wiedersehen." Er schließt die Tür und Finn steht wieder *draußen im Treppenhaus.

---

* **draußen** - outside

8. Schmerzen

Finn nimmt die Treppe in den zweiten Stock. Er hat noch genau eine Stunde Zeit. Dann kommt Amelie. Und er hat das Päckchen immer noch nicht gefunden. Soll er noch einmal den Paketdienst anrufen? Vielleicht hat er ja dieses Mal mehr Glück. Er geht in seine Wohnung und ruft an.

„Leider sind unsere Mitarbeiter im Moment alle im Gespräch. Bitte haben Sie einen Moment Geduld."

„Verflixt!" Finn wirft das Telefon auf die Couch. Er hat jetzt absolut keine Geduld mehr. Also gut, nur noch ein Stockwerk und noch zwei Nachbarn. Bei einem muss das Päckchen ja sein.

Der Nachbar oder die Nachbarin in der Wohnung rechts von Finn heißt mit Familiennamen Hollerbeck. Finn will gerade klingeln, aber plötzlich öffnet sich die Tür. Eine alte Frau in einem lila *Kostüm und mit einem lila Hut auf dem Kopf kommt aus der Wohnung. Auf ihrem Arm trägt sie einen kleinen Hund, einen Chihuahua. „Das war eine schöne Massage, stimmt's Dr. Faust?", sagt sie zu dem Hund. „Jetzt geht es dir schon viel besser."

Sie **geht** an Finn **vorbei**, die Treppe hinunter.

„Der Nächste, bitte", ruft eine Frau aus der Wohnung. „Gehen Sie bitte geradeaus. **Ich komme gleich.**"

Finn geht geradeaus in ein großes Zimmer. Dort ist es fast dunkel. Die Fenster sind geschlossen, die **Rollos** sind

---

* **das Kostüm** - women's suit, **vorbeigehen** - to pass, **Ich komme gleich!** - I'll be right there!, **das Rollo** - shutter

unten. Es gibt nur ein bisschen Licht, denn auf einem Tisch links im Zimmer stehen drei dicke *__Kerzen__. Neben den Kerzen stehen einige Flaschen Öl, eine große __Schale__ aus Metall, eine Vase mit Blumen und ein CD-Player. In der Mitte vom Zimmer steht eine kleine __Liege__. Alles ist still.

„Und?"

Finn springt zur Seite. Frau Hollerbeck steht plötzlich hinter ihm. Sie ist ungefähr 40 Jahre alt. Ihre Haare sind sehr lang. Sie trägt eine Blume hinter dem Ohr und weite Kleidung. Ihre rosa Bluse passt überhaupt nicht zu ihrem grünen Rock. Am Hals trägt sie eine Kette aus __Holz__. Sie dreht sich um und schaut in den Flur. „Wo ist er?"

„Wo ist wer?", fragt Finn.

„Na, Ihr Hund."

„Welcher Hund?"

„Ich mache Massagen für Hunde. Also haben Sie bestimmt einen Hund mitgebracht."

Finn schüttelt den Kopf. „Ich habe keine __Haustiere__", sagt er. Massagen für Hunde? Das hat er noch nie gehört.

Frau Hollerbeck geht schnell zu dem Tisch und nimmt eine Metallschale in die Hand. „Sie sagen mir jetzt sofort, wer Sie sind oder ich werfe die Schale nach Ihnen."

„Hey, Moment. Ich bin Ihr Nachbar, Finn Möller."

„Ha", sagt Frau Hollerbeck. „Das glaube ich Ihnen nicht. Ich habe Sie hier noch nie gesehen."

„Ich wohne auch erst seit vier Wochen hier", sagt Finn.

„Hm." Frau Hollerbeck denkt nach. „Was für Musik hören Sie am liebsten?"

---

* __die Kerze__ - candle, __die Schale__ - bowl, __die Liege__ - daybed, __das Holz__ - wood, __das Haustier__ - pet

„Musik? Ähm, am liebsten höre ich Klassik."

„Aha. Und spielen Sie ein Instrument?"

„Ja, ich habe ein E-Piano zu Hause."

„Welches Stück lernen Sie im Moment?"

„Die *Mondscheinsonate von Beethoven."

„Um wie viel Uhr **üben** Sie normalerweise?"

„Meistens abends zwischen 19 und 21 Uhr. Warum?"

Frau Hollerbeck legt die Schale zurück auf den Tisch. „Ich höre Sie manchmal. Beethoven **klingt** überhaupt nicht gut. Das müssen Sie noch üben. Das ist ja schrecklich für die Ohren."

„Entschuldigung", sagt Finn. Ab heute muss er unbedingt mit **Kopfhörern** spielen.

„Sie sind also mein Nachbar und haben keinen Hund. Was wollen Sie dann von mir? Ich habe keinen Zucker im Haus, keine Butter, keine Milch."

„Ich möchte nicht **backen**. Ich habe nur eine Frage." Finn erzählt von dem Paketdienst und dem Päckchen.

„Nein, ich habe heute kein Päckchen bekommen", sagt Frau Hollerbeck. „Tut mir leid."

„Kein Problem." Endlich hat Finn mal eine schnelle Antwort bekommen. Jetzt kann er in die letzte Wohnung gehen. Das Päckchen ist bestimmt dort. Er rollt mit den Augen. Natürlich in der letzten Wohnung!

„Gut, danke. Dann gehe ich jetzt." Finn geht wieder in den Flur.

„Moment, warten Sie", ruft Frau Hollerbeck.

---

* **Mondscheinsonate** - Moonlight Sonata, **üben** - to practice, **klingen** - to sound, **die Kopfhörer (Plural)** - headphones, **backen** - to bake

Finn dreht sich um.

„Vielleicht können Sie mir helfen", sagt die Nachbarin. „Ich brauche einen starken Mann."

Finn geht zurück ins Wohnzimmer. Frau Hollerbeck schaltet das Licht ein. An der Wand neben dem Fenster steht ein großes Bild auf dem Boden. Auf dem Bild sieht man einen schwarzen Labrador mit seinen *Welpen.

„Das Bild ist sehr schwer", sagt Frau Hollerbeck. „Ich möchte es gerne an die Wand hängen, aber ich kann es nicht alleine. Können Sie mir vielleicht helfen?"

„Natürlich, gerne", sagt Finn.

Seine Nachbarin holt einen Hammer und einen dicken **Nagel** aus dem Flur.

„Ich mache das", sagt Finn.

„Nein, nein", sagt Frau Hollerbeck. „Das kann ich alleine."

Sie sucht eine **Stelle** neben dem Fenster und **schlägt** den Nagel in die Wand. „So, und jetzt das Bild."

Zusammen mit seiner Nachbarin **hebt** Finn das Bild vom Boden. Es ist wirklich sehr schwer. Frau Hollerbeck wird ganz rot im Gesicht. „Noch ein bisschen höher", sagt sie. „Und noch ein bisschen ... Fertig!"

Das Bild hängt endlich an der Wand. Frau Hollerbeck geht zwei Schritte zurück und sieht sich das Bild an. „Hm, nicht schlecht. Aber vielleicht ist es besser mit Tageslicht." Sie macht das Licht im Wohnzimmer aus und geht zurück zum Fenster. Dann zieht sie das Rollo hoch. „Ein bisschen frische Luft ist auch nicht schlecht." Sie öffnet das Fenster,

---

* der **Welpe** - puppy, der **Nagel** - nail, die **Stelle** - spot, **schlagen** - here: to hammer, **heben** - to lift

aber in dem Moment weht ein starker Wind. Das Fenster
*stößt gegen Frau Hollerbecks Schulter. Sie springt zurück
und stößt mit der Schulter gegen das Bild. Das Bild fällt von
der Wand direkt auf Finns Fuß.

„Aua!" Finn springt auf einem Fuß hin und her.

Schnell schließt Frau Hollerbeck wieder das Fenster. „Oh,
mein Gott! Kommen Sie her. Setzen Sie sich!"

Finn setzt sich auf die Liege.

„Haben Sie große Schmerzen? **Tut** es sehr **weh**?"

Finn zieht seinen Schuh aus. Sein Fuß ist ganz rot und
dick. Oh, nein! Warum passiert das heute? Nur noch eine
Dreiviertelstunde und dann kommt Amelie. Er muss
unbedingt nach Hause und den Fuß in kaltes Wasser
stecken. Er möchte aufstehen.

„Nein", ruft Frau Hollerbeck. „Bleiben Sie hier, ich
komme gleich." Sie rennt aus dem Wohnzimmer in die
Küche. Sie öffnet die Kühlschranktür, danach den
Küchenschrank. Dann kommt sie zurück. In der Hand
trägt sie einen großen **Eimer** mit Eis.

„Okay", sagt sie. „Stecken Sie Ihren Fuß in den Eimer."

„Aber das ist zu kalt!"

„Quatsch! Ihr Fuß ist sehr heiß. Sie brauchen die **Kälte**."
Sie nimmt Finns Fuß und steckt ihn **tief** in das Eis.

Finn presst die Lippen zusammen. Letztes Jahr hat er sich
beim Skifahren das Bein **gebrochen**, aber die Schmerzen
jetzt sind viel **schlimmer**. Vielleicht ist sein Fuß auch
gebrochen? Vielleicht muss er zum Arzt gehen. Aber nicht

---

* **stoßen** - to bump, **wehtun** - to hurt, **tragen** - here: to carry, **der
Eimer** - bucket, **die Kälte** - cold, **tief** - deep, **brechen** - to break,
schlimm - bad

heute. Amelie, der Ring, das Abendessen. Nein, der Fuß muss besser werden. Unbedingt!

Frau Hollerbeck zieht den Fuß wieder aus dem Eimer. „Das ist genug. Ich möchte Ihnen den Fuß am Ende nicht *amputieren."

Amputieren? Finn schaut auf seinen Fuß. Er ist jetzt ganz blau und er tut immer noch weh.

„Legen Sie sich hin." Seine Nachbarin drückt ihn auf die Liege.

Finn legt sich hin. Ihm ist heiß und er fühlt sich schlecht.

„Keine Angst, ich helfe Ihnen." Frau Hollerbeck geht zum Fenster und macht das Zimmer wieder dunkel. Dann nimmt sie ihre Kette vom Hals. Sie geht zuerst auf die linke Seite von der Liege, dann auf die rechte Seite und schüttelt die Kette über Finns Kopf.

„Die Schmerzen sind jetzt schon besser, oder?", fragt sie.

Finn starrt sie an. „Nein. Was machen Sie da eigentlich?"

„Das ist …", sagt Frau Hollerbeck. „Das ist … na ja, das habe ich mal in einem Buch gelesen. Ich habe den Namen von dieser Therapie vergessen, aber normalerweise hilft sie den Patienten."

„Welchen Patienten?"

„Den Patienten mit Schmerzen. Und auch den Hunden."

„Sie sind doch keine Ärztin. Sie haben keine Patienten. Und ich bin kein Hund!"

Frau Hollerbeck denkt einen Moment nach. „Stimmt. Das ist vielleicht das Problem. Ich **versuche** mal **etwas anderes**."

---

* **amputieren** - to amputate, **versuchen** - to try, **etwas anderes** - something else

„Nein, danke", sagt Finn. Diese Frau ist total verrückt. Er braucht einen richtigen Arzt. Finn möchte aufstehen, aber seine Schmerzen sind zu stark.

„Bleiben Sie da!" Frau Hollerbeck drückt ihn zurück auf die Liege. „Diese Methode funktioniert bestimmt, okay?"

„Haben Sie das auch in einem Buch gelesen?", fragt Finn.

„Nein, natürlich nicht." Frau Hollerbeck lacht und startet eine CD. „Das habe ich im Internet gesehen."

Oh, Gott! Diese Frau hat nicht mehr alle Tassen im Schrank. Finn schließt die Augen. Von der CD kommt leise Musik. Langsame Musik. Ruhige Musik. Finn wird ganz müde.

Plötzlich beginnt Frau Hollerbeck laut zu singen. Sie *schlägt mit einem **Holz**stock gegen die Metallschale auf dem Tisch. Finn ist sofort wieder wach. Er starrt seine Nachbarin an. Die Frau steht am Ende von der Liege und legt die Blumen aus der Vase auf seinen Fuß. „Und? Fühlen Sie schon die positive Energie?"

Finn rollt mit den Augen. „Wollen Sie mich auf den Arm nehmen? Ich fühle nur meine Schmerzen. Außerdem muss ich jetzt wirklich gehen."

„Nein, warten Sie!", sagt Frau Hollerbeck. „Ich habe noch eine letzte Idee. Und das hilft wirklich." Sie dreht sich um und geht zu dem Tisch. Sie öffnet eine **Schublade** und kommt zurück zu Finn. In der Hand hat sie vier lange **Nadeln**. Sie setzt sich zu Finn auf die Liege.

Finn sieht sie mit großen Augen an. „Was ist das? Was wollen Sie damit machen?"

---

* **schlagen** - here: to hit, **der Holzstock** - wooden stick, **die Schublade** - drawer, **die Nadel** - needle

73

Frau Hollerbeck lächelt. „Die habe ich vor einer Woche im Internet bestellt. Das sind Akupunkturnadeln. Ich stecke sie jetzt in Ihren Fuß."

„Das sind keine Akupunkturnadeln", sagt Finn.

Seine Nachbarin schaut auf die Nadeln. „Wirklich nicht?"

„Wirklich nicht", sagt Finn. „Das sind normale *Stricknadeln. Damit können Sie Socken und Pullover stricken. Akupunkturnadeln sind viel kleiner."

„Glauben Sie?", sagt Frau Hollerbeck. „Aber **das macht nichts**. Nadeln sind Nadeln, oder? Ich stecke sie auch nicht so tief in Ihren Fuß, okay? So, versuchen wir es mal." Sie steht auf.

Finn springt sofort von der Liege. Sein Fuß tut immer noch sehr weh, aber das ist ihm jetzt egal. „Danke, aber ich muss jetzt wirklich gehen." Er nimmt seine Socke und den Schuh vom Boden und läuft zur Haustür.

Frau Hollerbeck folgt ihm. „Nein, bleiben Sie hier! Die Therapie ist noch nicht zu Ende."

„Doch, sie ist definitiv zu Ende."

„Aber Sie haben noch nicht bezahlt. Stopp!"

Finn hört nicht mehr zu. Er läuft hinaus ins Treppenhaus, schließt schnell seine Wohnungstür auf und macht sie hinter sich zu.

---

* **die Stricknadel** - knitting needle, **Das macht nichts.** - It doesn't matter.

9. Schnee in der Wohnung

Finn geht ins Badezimmer und hält seinen Fuß unter kaltes Wasser. Er ist immer noch ein bisschen dick und rot, aber zum Glück ist er nicht gebrochen. Finn kann es nicht glauben. Er war in fünf Wohnungen und einer Arztpraxis, aber er hat das Päckchen mit dem Ring noch nicht gefunden. Seit vier Stunden sucht er es schon und jetzt hat er nur noch eine halbe Stunde Zeit. Dann kommt Amelie. Verflixt! Nächstes Jahr kauft er das Geschenk für seine Freundin bestimmt nicht mehr im Internet, sondern direkt im Geschäft. Finn öffnet die Balkontür und geht hinaus. Es regnet nicht mehr, aber jetzt ist es ein bisschen kälter als heute Mittag.

Also gut. Noch eine Wohnung. In der Wohnung links neben Finn wohnt ein junger Mann mit Namen Thomas Eichner. Finn hat ihn letzte Woche im Treppenhaus getroffen. Er schaut noch einmal auf die Nachricht vom Paketdienst. Finn hat keine Ahnung, was Nachbar Nr. 5 bedeutet, aber das Päckchen muss in der letzten Wohnung sein.

„*Verdammt, verdammt", hört Finn plötzlich. Er schaut auf den Balkon links von ihm. Thomas Eichner, ein großer **schlanker** Mann von ungefähr 25 Jahren, steigt mit einem Bein auf die **Balkonmauer**. Heute hat er einen **Pferdeschwanz** und er trägt ein altes T-Shirt und eine blaue Jeans. Er schaut hinunter.

---

* **Verdammt!** - Damn!, **schlank** - slim, **die Balkonmauer** - balcony wall, **der Pferdeschwanz** - ponytail

„Nein", ruft Finn. „Nicht springen!"

Thomas Eichner sieht ihn an. „Hey, *hau ab! Das hier ist nicht dein Problem."

Finn möchte etwas machen. Er will helfen. Aber wie? Er muss die Polizei rufen. Thomas setzt auch den anderen Fuß auf die Mauer.

„Nein, nicht", ruft Finn noch einmal. „Lass uns reden. Man kann jedes Problem lösen."

„Das hier nicht, Mann. Du hast keine Ahnung."

Finn rennt ins Treppenhaus und klopft an Thomas' Wohnungstür. Plötzlich öffnet sich die Tür **von allein**. Finn läuft ins Wohnzimmer. Thomas steht immer noch auf der Mauer.

„Warte!", ruft Finn.

Aber es ist zu spät. Thomas springt. Unglaublich! Sie sind hier im zweiten Stock. Das kann nicht gut gehen. Finn rennt auf den Balkon und schaut hinunter. Thomas sitzt im Baum.

„Ist alles in Ordnung?", ruft Finn.

Thomas starrt ihn an. „Ey, was machst du in meiner Wohnung? Bist du total verrückt? Mann, hau ab. Schnell!" Er steigt vom Baum und läuft die Straße hinunter. Finn versteht nur Bahnhof. Was bedeutet das alles?

„Hey, warte", ruft er. „Ich suche ein Päckchen. Hast du ein Päckchen für mich bekommen? Hey!"

Aber Thomas läuft **um die Ecke** und Finn kann ihn nicht mehr sehen. Na, toll! Was soll er jetzt machen?

„Und wer bist du?"

---

* **Hau ab!** - Get lost!, **von allein** - by itself, **um die Ecke** - around the corner

Finn dreht sich um. Hinter ihm stehen zwei Männer in dunklen Lederjacken. Einer ist dick und hat fast keine Haare mehr, der andere ist klein und trägt einen Bart.

„Was ist los?", fragt der Dicke. „Hast du deine Muttersprache vergessen? Ich habe dich etwas gefragt."

„Ähm, mein Name ist Finn."

„Aha." Der Dicke lächelt, aber sein Lächeln ist nicht freundlich. „Eigentlich ist mir dein Name egal. Du bist ein Freund von Thomas. Und die Freunde von Thomas sind definitiv nicht unsere Freunde, stimmt's?", fragt er seinen Partner.

„Definitiv nicht", antwortet der.

„Ich bin nur sein Nachbar", sagt Finn schnell. „Ich kenne Thomas überhaupt nicht."

„Ja, ja", sagt der Dicke. „Das haben wir schon so oft gehört."

„Aber es stimmt", sagt Finn. „Ich habe Thomas auf dem Balkon gesehen und ich habe gedacht …"

Der Dicke sieht Finn mit seinen dunklen Augen an. „Was hast du gedacht?"

„Ich kenne die Antwort", sagt sein Partner. „Er hat gedacht, er kann in Thomas' Wohnung kommen und sie holen, richtig?"

„Was holen?", fragt Finn. Diese Männer machen ihm Angst. Er möchte gerne diese Wohnung verlassen, aber die Männer stehen direkt vor der Wohnzimmertür. Soll er genauso wie Thomas auf den Baum springen? Er schaut auf seine Füße. Er trägt nur einen Schuh. Sein rechter Fuß tut immer noch weh. Mit diesen Schmerzen hat er keine Chance.

Der kleine Mann lacht. „Hast du das gehört?", fragt er

seinen Partner. „Dieser Typ ist lustig, oder?"

„Wirklich", sagt Finn. „Ich habe keine Ahnung."

„Dann helfen wir dir." Der Dicke zeigt auf das Sofa. „Setz dich."

Finn möchte sich absolut nicht setzen, aber er hat keine Alternative. Die Männer setzen sich rechts und links von ihm.

„Also", sagt der Dicke. „Wir möchten nicht viel von dir und Thomas. Wir suchen nur die Päckchen."

„Was für Päckchen?"

Der kleine Mann lacht. Seine Zähne sind ganz gelb. „Soll ich es ihm erklären?" Er setzt sich näher an Finn.

„Das musst du nicht. Ich habe viel Geduld. Ich mache das." Der Dicke legt Finn die Hand auf die Schulter.

Finn fühlt sich schlecht. Wer sind diese Typen? Und was wollen sie von ihm?

„Also, mein Junge – Finn", sagt der Dicke. „Dein Freund Thomas hat einige kleine Päckchen von uns bekommen, aber er hat sie noch nicht bezahlt. Wir haben ihm Zeit gegeben, eine Woche, dann noch einmal zwei Wochen. Denkst du, wir haben das Geld bekommen?" Er macht eine Pause.

Finn sagt nichts. Will der Mann wirklich eine Antwort von ihm hören?

„Nein", antwortet der Dicke dann. Er spricht mit Finn wie mit einem kleinen Kind. „Nein", wiederholt er. „Wir haben bis jetzt keinen Cent gesehen."

„Und das war guter Schnee", sagt sein Partner. „Wirklich gute *Qualität, verstehst du?"

---

* **die Qualität** - quality

Finn kann es nicht glauben. Schnee? Thomas hat also *Drogen von diesen Männern bekommen? Thomas ist Drogendealer? Oh, Mann!

Der Dicke steht auf und schaut im Wohnzimmer in die Regale und Schränke. „Jetzt gibt es nur zwei Möglichkeiten, Finn. Möglichkeit 1: Wir finden alle Päckchen hier in der Wohnung."

„Das glauben wir aber nicht wirklich", sagt sein Partner. „Thomas hat bestimmt den meisten Schnee schon verkauft."

Der Dicke öffnet eine Schublade und wirft einige Papiere, alte CDs und einen Kopfhörer auf den Boden. „Richtig", sagt er. „Möglichkeit 2: Wir finden das Geld."

„Aber es gibt noch eine dritte Möglichkeit", sagt sein Partner. „Möglichkeit 3 ist: Wir finden Thomas und Thomas gibt uns die Päckchen oder das Geld. Also, wo ist dein Freund?"

„Hören Sie", sagt Finn. „Ich weiß es wirklich nicht. Ich habe es schon gesagt: Ich bin nur sein Nachbar."

Der Dicke setzt sich wieder neben ihn. Er seufzt. „Junge, wir haben dich auf Thomas' Balkon gehört. Wir haben direkt hinter dir gestanden. Du hast etwas gerufen, weißt du noch?."

„Aber …", sagt Finn.

„Thomas ist die Straße hinuntergelaufen und du hast gerufen: Hast du ein Päckchen für mich?"

„Nein, Sie haben das falsch verstanden", sagt Finn.

„Wir haben gute Ohren, Junge. Vielleicht wohnst du auch hier in der Lilienstraße Nr. 3, vielleicht bist du wirklich

---

* die **Droge** - drug

79

Thomas' Nachbar, aber du bist auch sein *Geschäftspartner."

„Nein!" Finn will aufstehen, aber der Dicke drückt ihn zurück auf das Sofa.

„Du bleibst hier!"

„Aber ich kann das doch erklären!" Finn ist ganz nervös. Diese Wohnung **gehört** ihm nicht. Aber er sitzt hier mit zwei Drogendealern und niemand kann ihm helfen. Oh, Gott! Amelie kommt in einer Viertelstunde. Zum Glück hat sie den Schlüssel zu Finns Wohnung. So kann ihr nichts passieren. In seiner Wohnung ist sie **sicher**.

„Geh mal in die anderen Zimmer. Vielleicht findest du etwas", sagt der Dicke zu seinem Partner. „Ich bleibe hier bei unserem Freund."

Der kleine Mann steht auf und geht hinaus. Finn sieht seine Chance. Seine rechte Seite ist frei und niemand steht vor der Wohnzimmertür. Er springt vom Sofa und rennt in den Flur. Aber sofort ist der Dicke hinter ihm. Er packt ihn am Pullover und wirft ihn auf den Boden. Finn stößt mit dem Arm gegen eine Kommode. Der kleine Mann kommt aus der Küche und zusammen mit seinem Partner zieht er Finn vom Boden hoch.

„**Guter Versuch**, mein Junge." Der Dicke schiebt Finn wieder zurück ins Wohnzimmer. „Setz dich!" Er lacht. „Ich bin vielleicht dick, aber ich bin sehr fit. Mach das nicht noch einmal, hast du verstanden?"

Finn sagt nichts. Sein Arm ist jetzt genauso rot wie sein Fuß und tut auch weh. Heute hat er nur Pech. Die Leute in

---

* **der Geschäftspartner** - business partner, **gehören** - to belong, **sicher** - safe, **Guter Versuch.** - Nice try.

diesem Haus sind alle nicht normal. Er muss unbedingt eine neue Wohnung finden. Aber im Moment hat er ein anderes Problem. Wie kommt er aus dieser Wohnung wieder raus?

Der Dicke steht vor ihm. „So, jetzt erzählst du mir alles von Anfang. Wie und wo hast du Thomas kennengelernt und seit wann machst du Geschäfte mit ihm?"

Finn hat genug von diesem Quatsch. „Hören Sie, ich sage es noch einmal: Ich kenne Thomas nicht. Ja, es stimmt: Ich suche ein Päckchen. Ich habe im Internet einen Ring für meine Freundin bestellt. Der Paketdienst hat es heute gebracht, aber ich war unter der Dusche. Dann habe ich im Briefkasten eine Nachricht gefunden. Dort steht, das Päckchen ist bei einem Nachbarn. Seit mehr als vier Stunden suche ich dieses Päckchen. Seit vier Stunden, verstehen Sie? Ich habe bei allen Nachbarn geklingelt, aber niemand hat es bekommen. Ich habe viele verrückte Leute kennengelernt. Ich war Autobiograf und Autor, ich war Babysitter für einen alten Mann und einen kleinen Jungen. Ich musste bei den Anonymen Workaholics sitzen und ich habe fast meinen Fuß gebrochen. Und jetzt will ich nur noch nach Hause. Ich habe wirklich die Nase voll!"

Der Dicke starrt ihn an. „Du warst also bei allen deinen Nachbarn in den letzten vier Stunden?"

„Das habe ich doch gerade gesagt", antwortet Finn.

Der kleine Mann kommt zurück ins Wohnzimmer. „Nichts", sagt er. „Ich habe absolut nichts gefunden."

Der Dicke erzählt seinem Partner, was Finn gesagt hat.

„Er sucht einen Ring?", fragt der. „Glaubst du ihm das?"

„Das müssen wir *herausfinden", antwortet der Dicke.

---

*herausfinden - to find out

81

„Geh mal zu den Nachbarn und frag sie."

Sein Partner geht aus der Wohnung. Der Dicke seufzt. „Junge, Junge", sagt er. „Ich hoffe, deine Geschichte stimmt."

Fünfzehn Minuten später kommt sein Partner wieder zurück. Er ist ganz rot im Gesicht. „Alles klar. Der Junge hat die *Wahrheit gesagt." Er setzt sich aufs Sofa. „Oh, Mann! Die Leute in diesem Haus haben wirklich nicht mehr alle Tassen im Schrank, oder?"

In dem Moment öffnet sich die Wohnungstür und zwei Polizisten, ein Mann und eine Frau, kommen herein. Finn springt sofort auf. „Hilfe", ruft er. „Helfen Sie mir!"

Die Polizisten rennen ins Wohnzimmer. Sie schauen von Finn zu den beiden Männern. „Was ist hier los?"

Finn zeigt auf die Männer in Lederjacken. „Das sind Drogendealer. Sie haben meinem Nachbarn Drogen verkauft. Mein Nachbar hatte Angst und ist vom Balkon gesprungen. Und sie wollten mich nicht aus dieser Wohnung **rauslassen**."

Der Polizist schaut sich in der Wohnung um. „Ähm, ist hier alles in Ordnung, Chef?", fragt er den Dicken.

Finn starrt ihn an. „Chef?"

Der Dicke zeigt ihm einen **Ausweis**. „Ich bin **Kommissar** Bleimeyer und das ist mein Kollege Kommissar Weiß. Wir **observieren** schon lang dieses Haus in der Lilienstraße Nr. 3. Wir arbeiten undercover, verstehst du?"

---

* **die Wahrheit** - truth, **rauslassen** - to let out, **der Ausweis** - ID, **der Kommissar** - inspector, **observieren** - to keep under surveillance

Finn kann es nicht glauben. Polizei! Er möchte lachen, aber im selben Moment auch weinen.

Kommissar Bleimeyer sieht die beiden Polizisten an. „Gibt es *etwas Neues?"

„Wir haben Thomas Eichner gefunden", antwortet die Polizistin. „Er hat in der Nähe eine zweite Wohnung. Dort haben wir noch einige Päckchen gefunden und auch Geld. Wir haben ihn auf die Polizeistation gebracht."

„Sehr gut", sagt Kommissar Bleimeyer. „Gehen wir."

„Päckchen?", fragt Finn. „War da vielleicht ein Päckchen für mich? Für Finn Möller?"

Kommissar Bleimeyer **klopft** ihm auf die Schulter. „Ich rufe dich morgen an und sage es dir."

Morgen? Finn schließt für einen Moment die Augen. Das ist zu spät. Amelie kommt heute und … Amelie!

„Wie spät ist es?", fragt er.

„Zehn Minuten nach 18 Uhr", antwortet Kommissar Bleimeyer. „Warum?"

---

* **etwas Neues** - anything new, **klopfen** - here: to pat

10. Amelie

Finn rennt ins Treppenhaus und schließt seine Wohnungstür auf.

„Finn?" Amelie kommt aus der Küche.

Finn starrt sie mit offenem Mund an. Amelie sieht heute fantastisch aus. Sie trägt ein langes rotes Kleid und ihre dunklen Haare in einem Pferdeschwanz.

Sie läuft zu Finn. „Oh, Gott! Was ist denn mit dir passiert?"

Finn trägt noch immer nur einen Schuh. Sein rechter Fuß und sein linker Arm sind rot und sein T-Shirt ist *schmutzig.

„Finn, wo warst du? Ich habe dich angerufen, aber dein Handy war hier auf deinem Tisch und dann …"

Finn nimmt sie in den Arm. „Es geht mir gut. Ich erzähle dir alles morgen, ja? Aber heute ist ein besonderer Tag. Unser Tag." Er gibt Amelie einen Kuss. „Gib mir zehn Minuten, okay? Dann können wir zusammen kochen."

Finn geht unter die Dusche und zieht sich sein schönes Hemd und seine beste Hose an. Amelie ist schon in der Küche und **deckt den Tisch**. Eine Dreiviertelstunde später ist das Essen fertig, Fisch mit Reis und Salat. Finn stellt eine Kerze auf den Tisch und öffnet eine Flasche Weißwein.

„Alles Gute zum ersten **Jahrestag**, liebe Amelie", sagt er und sieht seine Freundin lange an. Er liebt diese Frau

---

* **schmutzig** - dirty, **den Tisch decken** - to set the table, **der Jahrestag** - anniversary

wirklich. Sie *gehen gerne **aus**, mögen dieselbe Musik und spielen sehr gerne Basketball und Tennis. Außerdem haben sie denselben Humor und streiten sich sehr selten. Finn ist froh, denn seine Freundin ist überhaupt nicht eifersüchtig.

Amelie lächelt. „Ich habe etwas für dich." Sie geht in den Flur und kommt mit ihrer Handtasche zurück. Sie macht sie auf und zieht zwei Tickets heraus. „Alles Gute auch für dich", sagt sie.

Finn starrt sie an. „Karten für das Konzert von Max Giesinger nächste Woche?" Max Giesinger ist seiner und Amelies absoluter Lieblings**sänger**. „Aber alle Karten waren schon **ausverkauft**. Wie hast du …?

Amelie gibt ihm einen Kuss. „Die habe ich schon vor vielen Monaten gekauft, aber ich habe dir natürlich nichts gesagt."

Finn nimmt sie in den Arm und küsst sie auf den Kopf. „Du bist die Beste", sagt er und fühlt sich schlecht. Er hat kein Geschenk für Amelie. Er schaut seiner Freundin in die Augen. „Ich muss dir etwas sagen."

„Oh, Moment. Zuerst ich", sagt Amelie. „Vor einer Stunde war ein Nachbar von dir hier. Du warst unter der Dusche. Also habe ich die Tür geöffnet."

Oh, Gott, denkt Finn. Welcher von seinen verrückten Nachbarn war das? Hoffentlich nicht Frau Hollerbeck mit der Rechnung für ihre Therapie. Oder der Autor mit einer neuen Idee für eine Geschichte. Oder …

„Sein Name war Herr Nachbar. Er wohnt im Haus neben deinem, in der Lilienstraße Nr. 5. Er hatte ein Päckchen

---

* **ausgehen** - to go out, **der Sänger** - singer, **ausverkauft** - sold out

dabei. Er hat gesagt, der Paketdienst hat es heute Morgen gebracht, aber du warst nicht zu Hause."

„Herr Nachbar?"", fragt Finn. „Haus Nr. 5?"

Amelie nickt. „Ist der Familienname nicht lustig? Dein Nachbar heißt wirklich Herr Nachbar. Ich habe den Namen im Internet gegoogelt und es gibt ihn ungefähr 260 Mal in Deutschland."

„Nachbar Nr. 5", sagt Finn und schlägt sich mit der Hand gegen den Kopf. „Natürlich!" Er muss lachen.

„Ist alles in Ordnung?", fragt Amelie.

Finn lacht und lacht. „Ja", sagt er. „Jetzt ist endlich alles okay. Wo ist das Päckchen?"

„Ich habe es auf die Kommode im Flur gelegt."

„Ich bin gleich wieder da." Finn geht in den Flur. Das kleine Päckchen liegt auf einigen Zeitungen auf der Kommode. „Gib mir eine Minute", ruft Finn und läuft ins Schlafzimmer. Schnell *packt er das Geschenk aus dem Karton **aus**. Der Ring steckt in einer kleinen Box. Sie ist nicht so schön wie die Box im Internet, aber das ist jetzt egal. Der Ring ist in letzter Sekunde angekommen und das macht Finn total glücklich. Schnell **packt** er die Box in Geschenkpapier **ein**. Mit dem Geschenk hinter seinem Rücken läuft er zurück in die Küche.

„Setz dich", sagt er zu Amelie. „Und schließ die Augen."

Amelie macht die Augen zu. Finn legt ihr das Päckchen in die Hand. „Noch einmal: Alles Gute zu unserem ersten Jahrestag, du tolle Frau! Das ist für dich."

Amelie macht die Augen auf und schaut auf das kleine Geschenk in ihren Händen.

---

* **auspacken** - to unpack, **einpacken** - here: to wrap

„Du darfst es jetzt aufmachen", sagt Finn.

In dem Moment klingelt das Festnetztelefon im Flur. Oh, nein! Nicht jetzt.

„Willst du nicht antworten?", fragt Amelie.

„Nein."

„Aber vielleicht ist es wichtig."

Finn seufzt. „Also gut. Aber warte auf mich, okay?" Er geht in den Flur.

„Hey, hier ist Oliver. Ich brauche deine Hilfe. Ich habe ein Problem mit einer Mathematikaufgabe. Ich verstehe sie absolut nicht und ..."

„Oliver", sagt Finn. „Heute ist mein Abend mit Amelie."

„Oh, verflixt. Das habe ich total vergessen. Sorry, Mann. Ähm, bis morgen dann und ... viel Spaß!"

Finn legt auf, aber das Telefon klingelt sofort wieder.

„Hallo Finn, hier ist Kommissar Bleimeyer. Ich habe schon die Päckchen von deinem Nachbarn Thomas angesehen, aber leider habe ich kein Päckchen für dich gefunden. Tut mir leid. Ich habe gedacht, du willst es schon heute Abend wissen."

Finn dankt dem Kommissar und erzählt ihm von dem Päckchen und von seinem Nachbarn im Haus Nr. 5.

Der Kommissar lacht. „Dann ist ja alles gut. Ich wünsche dir und deiner Freundin einen schönen Abend."

Finn legt auf und geht zurück in die Küche. Amelie sitzt noch immer auf ihrem Stuhl. „Wer war das?"

„Das ist nicht wichtig." Finn nimmt sich einen Stuhl und setzt sich neben Amelie.

„Soll ich es jetzt aufmachen?", fragt sie.

Es klingelt an der Tür.

„Das kann doch nicht sein! Ich bin gleich wieder zurück."

Finn rennt zur Tür. Dort steht Frau Jansen, die Tochter von dem alten Herrn Eberhardt aus dem Erdgeschoss. Ihre Augen sind ganz rot.

„Es tut mir so leid", sagt sie und beginnt zu weinen. „Sie haben die Wahrheit gesagt und ich habe Ihnen nicht geglaubt. Mein Vater … mein Vater ist überhaupt nicht krank. Ich hatte keine Ahnung. Er hat seit vielen Jahren nicht mehr mit mir gesprochen und ich habe gedacht … Oh, ich bin so traurig!"

„Finn?", ruft Amelie aus der Küche. „Ist alles in Ordnung?"

„Ah, Sie sind nicht allein", sagt Frau Jansen. „Entschuldigen Sie nochmal, es tut mir wirklich leid!" Sie dreht sich um und geht die Treppe hinunter.

„Finn?", ruft Amelie.

„Alles gut, *Schatz! Ich komme gleich." Finn schließt die Tür und schaltet die Klingel aus. Er möchte jetzt mit Amelie allein sein. Dann geht er zurück in die Küche.

„Was war los?"

„Das war eine Nachbarin, aber das erzähle ich dir morgen", sagt Finn. „Und jetzt mach dein Geschenk auf."

Jemand klopft an die Tür.

Amelie lacht. „Du wohnst doch erst seit vier Wochen hier. Hast du schon so viele Nachbarn kennengelernt? Mach schnell, ich kann mit dem Geschenk nicht mehr lange warten."

Finn rennt zur Tür. Unter der Tür liegt ein Briefumschlag. Er nimmt ihn und zieht den Brief heraus. Er ist von Frau Hollerbeck. *Rechnung für Fußtherapie – 150 €* steht dort.

---

* **der Schatz** - sweetheart

Finn rollt mit den Augen. Es klopft wieder an der Tür. Er macht auf, aber dort steht nicht Frau Hollerbeck, sondern Herr König, der Autor aus dem ersten Stock.

„Herr Möller", sagt er. „Passen Sie auf. Ich habe nachgedacht. Unsere Geschichte mit dem Zug und dem See ist sehr gut, aber noch nicht perfekt. Ich habe eine bessere Idee: Wir nehmen keinen Zug, sondern ein Schiff. Und dann nehmen wir keinen See, sondern ein großes Meer. Vielleicht den Atlantik. Was denken Sie? Das ist mehr Drama, oder?"

Finn starrt ihn an. „Ja, Herr König. Das ist eine super Idee. Ein armes Mädchen mit ihrer Mutter, ein reicher Mann, ein verliebter Junge, ein Schiff auf dem Atlantik mit vielen Passagieren, ein Unfall. Dieses Manuskript wollen bestimmt alle Verlage kaufen."

„Fantastisch, Junge. Danke!" Herr König läuft die Treppe wieder hinunter.

„Finn, ich kann nicht mehr lange warten", ruft Amelie aus der Küche.

Finn rennt zurück und setzt sich zu Amelie.

Sie lächelt. „Ich mache das Päckchen gleich auf. Aber zuerst habe ich noch eine Frage." Sie nimmt Finns Hand. „Wir sind erst ein Jahr zusammen, aber ich möchte dich fragen: Wollen wir zusammen leben? In einer Wohnung?"

Finn ist einen Moment sprachlos. „Das ... das würde ich sehr gerne", sagt er dann. Er und Amelie jeden Tag zusammen? Das ist eine sehr schöne Idee. „Das Problem ist, unsere Wohnungen sind sehr klein", sagt Finn. „Aber wir können eine neue Wohnung suchen. Eine schöne Studentenwohnung nur für dich und mich."

„Mit einem Balkon?", fragt Amelie.

„Natürlich."

„Und vielleicht mit einem kleinen Garten?"

„Vielleicht."

„Und mit netten Nachbarn?"

„Mit normalen Nachbarn ", sagt Finn.

Amelie lacht. „Und jetzt mache ich endlich das Geschenk auf." Langsam packt sie die Box aus dem Geschenkpapier. Finn ist sehr nervös. Dieser Abend mit Amelie ist toll. Er hat die beste Freundin auf der ganzen Welt. Sie ist schön, sie ist intelligent, sie liebt ihn und sie möchte mit ihm zusammen wohnen.

Er denkt an die letzten Stunden. Er hat an allen Wohnungstüren in diesem Haus geklingelt, er hat viele verrückte Leute getroffen, er hatte Schmerzen am Arm und am Fuß und er hatte auch Angst. Das war nicht einfach. Aber für Amelie würde er alles noch einmal machen. Jetzt ist alles perfekt.

Das Festnetztelefon im Flur klingelt.

„Nein!", ruft Finn.

Amelie hat das Geschenkpapier auf den Tisch gelegt. Die kleine Box liegt in ihren Händen.

„Geh schon!", sagt sie. „Aber dann schalte bitte das Telefon aus."

Finn rennt in den Flur.

„Hallo, Junge, hier ist deine Großmutter!"

„Oma, hallo. Hör mal, kann ich dich morgen anrufen? Ich habe im Moment wirklich keine Zeit."

„Keine Zeit für deine Oma? Junge, ich gebe dir jeden Monat Geld."

„Oma, ich habe noch nie Geld von dir bekommen."

„Oh.", sagt die Oma. „Das ist auch gut so. Du musst auf

eigenen Füßen stehen.“

„Oma …“

„Ja, ja, du kannst mich morgen anrufen. Ich wollte nur Danke sagen.“

„Für die dritten Zähne? Sind sie endlich angekommen?“

„Dritte Zähne? Nein, Junge. Für den Ring. Das ist wirklich ein schönes Geschenk.“

Ring? Was für ein Ring? Finn schaut zur Küche. Amelie öffnet die Box in ihren Händen. Oh – mein – Gott! Das Telefon fällt Finn aus der Hand.

„Finn?“ Amelie springt vom Stuhl auf. „Fiiiiiinn!“

Thank you for reading my book! „Einfach Deutsch lesen"
is an independent writing project, whose success relies a lot
on readers' reviews. If you would like to support it, please
consider taking a moment to leave a review on Amazon.
Your opinion does make a difference!

Thanks very much!

Angelika Bohn
www.deutsch-lesen.de
kontakt@deutsch-lesen.de

Made in the USA
Las Vegas, NV
30 January 2022